Victor H. Elbern

DOM UND DOMSCHATZ
IN HILDESHEIM

Aufnahmen H. Wehmeyer, Hildesheim

Karl Robert Langewiesche Nachfolger
Hans Köster Königstein im Taunus

EINBAND-VORDERSEITE: Gottvater führt Eva zu Adam. Ausschnitt aus dem zweiten Feld der Bronzetür (vgl. S. 43).

EINBAND-RÜCKSEITE: Domkreuzgang mit Tausendjährigem Rosenstock.

VORSATZBLATT, LINKS: Stich nach einer Zeichnung von Dr. J. Mellinger aus „Braun-Hogenbergs Kölner Cosmographie".

VORSATZBLATT, RECHTS: Ausschnitt des Domberges aus „Hildesheim in Vogelschau von SW", Zeichnung von J. L. Brandes, Mitte 18. Jh.

SEITE 1: Joseph bringt das Taubenopfer dar. „Aus der Darstellung im Tempel" von der Bernwardstüre (vgl. S. 43).

MONOGRAMM DES BISCHOFS BERNWARD, in Braunfirnis auf vergoldetem Kupfer. Rückdeckel des sogenannten Kleinen Bernwardsevangeliars im Domschatz (vgl. S. 60 und 61).

BRAKTEAT, EINSEITIG GEPRÄGTE SILBERMÜNZE (Dm. 3 cm) des Bischofs Konrad II. (1221–49) mit Kreuz und Kelch. Unter ihm erhielt der Dom das bronzene Taufbecken. Aus der Münzstätte Alfeld. (Foto: Prof. Elbern)

Literaturverzeichnis

H. Appuhn, Meisterwerke der niedersächsischen Kunst des Mittelalters. Bad Honnef 1963.

W. Arenhövel, Der Hezilo-Radleuchter im Dom zu Hildesheim. Berlin 1975.

M. Behnke / H. Engfer, Der Dom zu Hildesheim, Hildesheim 1975.

St. Beissel, Der hl. Bernward von Hildesheim als Künstler und Förderer der deutschen Kunst, Hildesheim 1895.

A. Bertram, Hildesheims Domgruft und die Fundatio Ecclesie Hildensemensis, Hildesheim 1897.

A. Bertram, Hildesheims kostbarste Kunstschätze, M.-Gladbach 1913.

J. Bohland, Die Baugeschichte des Hildesheimer Domes auf Grund der Ausgrabungen und Untersuchungen. In: Unsere Diözese in Vergangenheit und Gegenwart, 23. Jg., 1954, S. 102 ff.

J. Bühring, Bericht zur Grabung auf dem Domhof zu Hildesheim. In: Niederdeutsche Beiträge zur Kunstgeschichte, VI. Bd., München–Berlin 1967, S. 9–48.

V. H. Elbern, Das erste Jahrtausend. Kultur und Kunst im werdenden Abendland an Rhein und Ruhr. Tafelband und (ed.) Textbände I–II, Düsseldorf 1962–1964.

V. H. Elbern / H. Reuther, Der Hildesheimer Domschatz. Hildesheim 1969.

V. H. Elbern / H. Engfer / H. Reuther, Der Hildesheimer Dom – Architektur, Ausstattung, Patrozinien. Hildesheim (2. Aufl.) 1976.

V. H. Elbern, Der Domschatz zu Hildesheim. Hildesheim 1977.

R. Herzig, Der Domschatz zu Hildesheim und seine Kunstschätze. Hildesheim 1911 (9. Aufl. 1930).

Hildesia Sacra, Ausstellungskatalog. Hannover 1962.

J. M. Kratz, Der Dom zu Hildesheim, seine Kostbarkeiten, Kunstschätze und sonstigen Merkwürdigkeiten, Hildesheim 1840.

H. Reuther, Eine Zeittafel zur Baugeschichte des Hildesheimer Domes im frühen und hohen Mittelalter. In: Die Diözese Hildesheim in Vergangenheit und Gegenwart, 43. Jg., 1975, S. 25–29.

F. J. Tschan, Saint Bernward of Hildesheim I–III, Indiana 1952.

R. Wesenberg, Bernwardinische Plastik. Zur ottonischen Kunst unter Bischof Bernward von Hildesheim. Berlin 1955.

A. Zeller, Die Kunstdenkmäler der Provinz Hannover II, Reg.-Bez. Hildesheim. 4. Stadt Hildesheim, Kirchliche Bauten. Hannover 1911.

Schrift: Linotype Optima. – Reproduktionen: ELEX, Alfred Weigle GMBH, Wiesbaden. – Papier: Scheufelen, Oberlenningen. – Satz und Druck: Rombach+Co GmbH, Freiburg im Breisgau. – Einband: Josef Spinner, Ottersweier, Baden.

ERRATUM: Durch ein bedauerliches Versehen wurde beim Druck der Abbildung auf Seite 74 oben und unten verwechselt.

DER DOM VON NORDOSTEN GESEHEN. Stahlstich von J. M. Kolb, nach Zeichnung von J. F. Lange, vor 1840.

Die Begründung eines Bistums in Hildesheim im Jahre 815, durch Kaiser Ludwig den Frommen, steht im Zusammenhang mit der christlichen Durchdringung des Sachsenlandes seit karolingischer Zeit. Die Ausdehnung der von Klöstern und Bischofssitzen getragenen „abendländischen" Kultur über die Weserlinie hinweg bereitet den Boden für eine erstaunliche Fruchtbarkeit Niedersachsens auch auf künstlerischem Gebiete, die im 10. Jahrhundert faßbar wird, – nur kurze Zeit nach der „Übertragung des Reiches" an die Sachsenherzöge. Von den monastischen und bischöflichen Zentren der Lande zwischen Weser und Elbe verdient Hildesheim in besonderer Weise hervorgehoben zu werden. Der programmatische Charakter des Gründungsvorgangs wird schon aus der Ausstattung mit kostbaren Marienreliquien aus der kaiserlichen Pfalzkapelle in Aachen ersichtlich. Westfränkischer Einfluß gelangt in der Persönlichkeit des früheren Reimser Bischofs Ebbo (845–851) nach Hildesheim. Von dort aus gründet Bischof Altfrid (851–874) das Damenstift in Essen, die dem ottonischen Kaiserhause so eng verbundene Pflanzstätte künstlerischer Kultur auf der Grenzscheide zwischen den Rheinlanden und dem Sachsenlande. In der Persönlichkeit Bischof Bernwards (993–1022) und in seinen kulturellen Aktivitäten schließlich erscheinen beispielhaft die wichtigsten Einflußströme aus allen Teilen des Reiches gesammelt. Mit ihm steht man zugleich mit am Anfang der großen Kunst auch des romanischen Mittelalters, die im Umkreis der Bischofskirche von Hildesheim ein blühendes Zentrum fand.

Die Domanlage, Außen- und Innenbau

Der heutige Dom von Hildesheim erhebt sich deutlich sichtbar auf der Höhe jenes flach gewölbten Hügels, auf der im Jahr der Gründung eine kreisrunde Marienkapelle errichtet worden war. Inmitten einer halbkreisförmigen Umbauung, ursprünglich gebildet aus den Häusern der Domgeistlichkeit, erhebt sich das mächtige Gotteshaus auf einem Areal, das lange von Friedhöfen eingenommen wurde. Die kreuz-

DOMKREUZGANG VON OSTEN, MIT ANNENKAPELLE, Hauptapsis und Tausendjährigem Rosenstock. Stahlstich von J. M. Kolb, nach Zeichnung von Lange, um 1845.

förmige Grundgestalt des Domes wird über den Giebeln der seitlich angefügten Kapellen deutlich sichtbar, wenn auch das Chorhaupt vom Domkreuzgang umschlossen ist. Die Baumasse des Domes gipfelt in Westriegel und barokkem Vierungsturm. Aus der Vogelschau läßt sich die vielfältige Gesamtanlage überblicken, die in vielen Jahrhunderten so gewachsen ist.

Die romantisch anmutende *Gründungslegende* will wissen, daß ein Kapellan Kaiser Ludwigs des Frommen da, wo der heutige Dom steht, ein Reliquiar „vergessen" habe, und daß die erwähnte Marienkapelle dort errichtet worden sei. Ihr mag ein heidnisches Quellheiligtum vorangegangen sein. Der historische Kern dieser Geschichte beruht wohl auf der kaiserlichen Begabung der Neugründung mit Marienreliquien. Mag diese Gründungsgeschichte auch ebenso wie das aus der Zeit Bischofs Altfrids berichtete Schneewunder bekannten Vorbildern entnommen sein, so ist die Reliquienübertragung selber für die Hildesheimer Tradition heute noch in zwei Werken des Domschatzes festgehalten, der sogenannten Lipsanothek, dem „hilgedom

unser leven frowen" und der bursenförmigen „Hierotheca der Allerseligsten Jungfrau".

Vom ersten Bischof Gunthar (815–834) weiß die Gründungsgeschichte zu berichten, daß er eine der hl. Caecilia geweihte Bischofskirche „mit zwei sehr hohen Türmen" errichtete. Ein 872 geweihter neuer Dombau Bischof Altfrids, der bei den Nachkriegsgrabungen J. Bohlands (1947–53) festgestellt werden konnte, war eine kreuzförmige Basilika mit drei Schiffen, flachen Decken, durchgehendem Querschiff und halbkreisförmiger Apsis zwischen Apsidiolen, unter Einbeziehung der östlich anstoßenden Marienrotunde. Der Bau besaß auch eine dreischiffige Hallenkrypta mit Umgang, wohl für den Reliquienkult. Mauerreste des Altfridbaues sind noch im heutigen Dom nachweisbar. Der Westabschluß dieser Domanlage ist nicht sicher zu rekonstruieren, vielleicht war es ein Westwerk ähnlich wie in der fast gleichzeitigen Abteikirche von Corvey. Das Westwerk Altfrids wurde dann unter Bischof Godehard (1022–38) verändert und auf einen Westriegel mit inneren Ausnischungen reduziert, mit einem großen Portal für die damals hier eingehängten Bronzetüren des Bischofs Bernward, der selber am Dom keine baulichen Veränderungen vorgenommen hat. Der Altfriddom fiel 1046 einem vernichtenden Brande zum Opfer. Der von Godehards Nachfolger Azelin in Angriff genommene Neubau sah eine beträchtliche Vergrößerung und eine völlige Umorientierung vor, wurde aber nach seinem Tode nicht weitergeführt. Bischof Hezilo (1054–79) baute vielmehr den karolingischen Dom wieder auf, sogar im Typus der flachgedeckten Basilika, allerdings mit einer ausgeschiedenen Vierung, in der seine große Lichtkrone Platz fand. Die Stützen des Hauptschiffes wurden im sogenannten sächsischen Stützenwechsel rhythmisiert, der Westriegel erhielt ein Glockenhaus. Bischof Hezilo begann auch einen Neubau der Marienkapelle und – vermutlich – den Kreuzgang. Die Neuweihe des Domes fand 1072 statt.

Der Hezilobau blieb, wenigstens im Raumeindruck, bestimmend für die Folgezeit, die nur Einzelheiten veränderte. Bischof Berthold I. (1119–30) ließ eine neue Apsis errichten. Das 14. Jahrhundert fügte an beiden Seitenschiffen Kapellen an, die durch ihre großen Maßwerkfenster die Lichtverhältnisse im Dom bereicherten. Im Jahre 1412 stiftete Domherr Lippold von Steinberg (gest. 1415) das „Paradies" mit Godehardichor darüber, als Eingangshalle am nördlichen Querhaus. Das Innere des Domes wurde nicht zuletzt durch die Aufrichtung des mächtigen Lettners aus Baumberger Sandstein verändert, den der Domherr Arnold Freidag durch Johann Brabender gen. Beldensnyder 1546 schaffen ließ, und der mit seinem hohen Aufbau den Altarraum als Platz für das Chorgebet des Domkapitels vom übrigen Innenraum abtrennte. Der Lettner ist seit 1961 in der St.-Antonius-Kirche aufgestellt.

Wer den Dom vor seiner Zerstörung im letzten Krieg gesehen hat, kannte ihn damit in der barockisierten Gestalt, die er in den Jahren 1718 bis 1734 erhalten hatte. Die Fürstbischöfe Joseph Clemens und Clemens August, beides Wittelsbacher Prinzen, zogen dazu bekannte Künstler heran wie die Stukkatoren Carlo Rossi und Michael Caminada, sowie den Maler Carlo Bernardini. Der strenge romanische Innenraum bekam den Charakter eines formenreichen und farbenfreudigen Festsaales, wie alte Abbildungen erkennen lassen. Barockisiert wurde damals auch der baufällig gewordene alte Vierungsturm. Im 19. Jahrhundert kamen weitere Veränderungen hinzu. An die Stelle des vom Einsturz bedrohten Westriegels, der abgetragen werden mußte, trat 1849 eine neuromanische Doppelturmanlage. Aber mit dem Jahrhundertende beginnt auch eine Rückbesinnung auf die ursprüngliche Gestalt des Domes. Die barockisierte Krypta bekommt ihr romanisches Aussehen zurück, andererseits beginnt die wissenschaftliche Erschließung der Vergangenheit der Domkirche, vor allem durch den späteren Breslauer Kardinal Adolf Bertram.

Am 22. März 1945 fiel der Dom mit seiner Umbauung den Bomben zum Opfer. Von Vierung, südlicher Langhauswand

DOMINNERES UND AUSGEBRANNTE TURMFRONT, von Nordosten gesehen. Nach der Zerstörung durch den Bombenangriff vom 22. März 1945.

und Westanlage blieben größere Teile stehen. Bereits 1950 wurde der Wiederaufbau begonnen, am 27. März 1960 fand die Neuweihe durch Bischof Heinrich Maria Janssen statt. Die Leitung des Wiederaufbaus hatte der Hannoveraner Architekt W. Fricke.

In seinem heutigen Aussehen bietet sich der Dom zu Hildesheim weitgehend so dar, wie Bischof Hezilo ihn wiederaufgebaut hatte: als dreischiffige Querhausbasilika mit ausgeschiedener Vierung. Der Westriegel mit schlicht gestuftem Eingangsbogen ist, aufgrund älterer Darstellungen, in seiner mittelalterlichen Gestalt erneuert worden. Die das Langhaus begleitenden Seitenkapellen haben die im Barock entfernten Maßwerkfenster zurückerhalten. Die Nebenportale zum südwärts gelegenen Kleinen Domhof weisen gotisch profilierte Gewände mit Maßwerkrosetten darüber auf. Einige in die Wand eingelassene Epitaphien erinnern an den „Ritterfriedhof", der sich einst hier befand. Die Front zum nördlichen Teil des Domhofes, einst „coemeterium plebeiorum" = Volksfriedhof genannt, ist reicher gegliedert und repräsentativ ausgeschmückt. Das nordwestliche Portal zeigt plastische Figuren der Gottesmutter zwischen den hll. Epiphanius und Bernward, ferner eine Verkündigungsgruppe. Hauptakzent der Nordseite ist das mächtig vorspringende Paradies. Seine hochstrebende Fas-

LESEPULT IN GESTALT EINES ADLERS, der einen Drachen als Sinnbild des Bösen schlägt. Vermutlich niedersächsischer Bronzeguß, aus dem 14. Jahrhundert.

sade trägt zwischen kräftigen Strebepfeilern die großen Skulpturen Mariae mit Kind, zwischen den Nebenpatronen des Domes Epiphanius und Godehard. Die Bögen des Untergeschosses sind mit Bronzegittern von 1704 geschlossen. Sie erlauben den Einblick in die Eingangshalle mit ihren Kreuzrippengewölben, die von Rundstützen ohne Kapitelle getragen werden.

Das Innere des Hildesheimer Domes vermittelt dem Betrachter den Eindruck gelassener Weite, bekräftigt durch die Verbreiterung des dreischiffigen Kernbaues in den hell durchlichteten Seitenkapellen. Die Längsachse des Bauwerkes ist bestimmt von den zehn Arkaden des Mittelschiffes, die in der Abfolge Pfeiler–Säule–Säule den Weg zum Altarraum skandieren. Die Säulen tragen teilweise noch die romanischen, im Barock abgearbeiteten Kapitelle, zwei originale Säulen des Hezilobaues finden sich im westlichen Pfeilerpaar eingesetzt. Die Maßverhältnisse des Innenraumes sind wohlbedacht. Die Länge des Mittelschiffes entspricht dreimal dem Vierungsquadrat, das Verhältnis der Höhe zur Breite 3,5 zu 2 kehrt in den Seitenschiffen wieder. Beim Wiederaufbau erhielt der Dom auch die Flachdecke wieder, die unter einer Stahlbetonkonstruktion aufgehängt ist. Die dunkelblaue Tönung dieser Decke wird kontrastiert durch das Braunrot der Säulen. In der Vierung macht sich sodann der Höhenunterschied voll bemerkbar, der durch die Krypta bedingt ist und durch eine Marmorfreitreppe

überwunden wird. Sie führt zum freistehenden Altar empor, über dem der gewaltige Ring der Lichterkrone Bischof Hezilos aus der Höhe der Vierung herniederhängt. Die Zugänge zur Krypta mit ihren schmiedeeisernen Gittertoren aus der Zeit um 1400 sind in beiden Querhausarmen gegeben. Im südlichen Querhaus ist die Bernwardssäule aufgestellt, das nördliche setzt sich fort in die Eingangshalle des Paradieses bzw. in den darüber gelegenen Godehardichor.

Seitdem der Lettner nach 1945 entfernt wurde, sind Vierung, Chorrechteck und Apsis wieder voll in den Gesamtraum einbezogen. Die mosaikähnliche Darstellung in der Apsiswölbung gibt ein endzeitliches Grundthema an: Das Kreuz erscheint über der Mondsichel im Feuersturm des Welt-

GOTTESMUTTER MIT DEM TINTENFASS. Das Jesuskind schreibt Namen ins „Buch des Lebens" ein. Niedersächsische Holzskulptur, um 1430.

Mehrere SEITENALTÄRE im Dom sind im 16. Jahrhundert MIT GEMÄLDEN DES NIEDERLÄNDISCHEN MANIERISTEN
MARTEN DE VOS (1532–1603) ausgestattet worden. Eine der Tafeln, ca. 200 cm hoch und 185 cm breit, dient jetzt als
Altarbild in der St.-Georgs-Kapelle. Sie stellt den in Lichtfülle auferstehenden Christus dar – eine charakteristische Kompo-
sition des Manierismus, in der gedrehten Bewegung der Hauptfigur und in der intensiven Spannung zwischen großen
Vordergrundfiguren und stark verkleinerten Gestalten im Hintergrund. – Marten de Vos, ein wichtiger Meister aus der
Antwerpener Schule, arbeitete um 1570 an der Ausstattung der Schloßkapelle in Celle. Die Tafel mit der „AUFERSTEHUNG
CHRISTI" IN DER ST.-GEORGS-KAPELLE, ein Altarbild mit der „Geburt Christi" in der Matthäuskapelle und eine Darstellung der „Kirche als Spenderin der Gnaden", jetzt im Diözesanmuseum, dürften etwa gleicher Zeit entstammen. Die
drei Bilder waren eine Stiftung des Domherrn Ernst von Wrisberg († 1590).

IM GEGENÜBER DER SÄUGENDEN EVA UND DER THRONENDEN MARIA MIT KIND findet die Bernwardstür zu einem besonderen Höhepunkt: inhaltlich in der darin personifizierten Konfrontation von Altem und Neuem Testament, künstlerisch in der ausdrucksstarken Plastizität der aus der Relieffläche vorragenden Figuren (vgl. S. 43 und 46).

unterganges, die Darstellung, 1960 von L. Baur geschaffen, ist zugleich ein Hinweis auf den Untergang von Dom und Stadt im Bombenhagel. Die gleiche Thematik wird mit dem Bilde des apokalyptischen Weibes im mittleren Apsisfenster weitergeführt. Der Hochaltar ist über dem quergelagerten Schrein des hl. Epiphanius aufgestellt und dadurch in doppelter Weise zum kultischen Bezugspunkt des Domes geworden. Zugleich steht er über dem St.-Godehard-Schrein in der Krypta, in einer Zusammenordnung, wie sie schon in der mittelalterlichen Frühzeit gebräuchlich war.

Die Kryptaanlage, die den ältesten Teil der Bausubstanz des Doms enthält, wenn auch in restaurierter Gestalt, nimmt die Grundfläche von Vierung, Chorquadrat und Apsis ein. In ihrem westlichen Abschnitt geht sie möglicherweise noch auf den Altfrid-Dom zurück. Vermutlich wurden hier einst die Gebeine des hl. Epiphanius beigesetzt und verehrt, die 963 nach Hildesheim gelangten. Auch heute läßt sich an den unterschiedlichen Formen der Stützen noch deutlich die jüngere Hallenkrypta Bischof Hezilos im östlichen Teil der Anlage erkennen.

Dem südlichen Querhausarm schließt sich nach Osten der Kreuzgang mit zugehörigen Umbauten an. Chorquadrat und Apsis springen vor in das schmalrechteckige Quadrum, das er umschließt. Aus der ursprünglichen Bauzeit des Bischofs Hezilo sind vereinzelte Werkstücke in den Ecken aufgestellt. *Der Domkreuzgang* ist eine der wenigen dop-pelgeschossigen Anlagen romanischer Zeit in Deutschland. Die drei Flügel mit unterschiedlich gebildeten Bogenöffnungen, zwischen vorspringenden Strebepfeilern, sind im Untergeschoß eingewölbt und oben flach gedeckt. Der Innenhof nimmt den sog. Annenfriedhof auf, in dessen Mitte sich die hochgotische St.-Annen-Kapelle erhebt, eine Stiftung Bischof Ottos II. von 1321–22: ein zierlicher Bau mit achteckigem Chorschluß, stark durchfenstert zwischen abgetreppten Strebepfeilern. Im spitzbogigen Westportal ist eine Reliefdarstellung der hl. Anna Selbdritt zu sehen. Früher besaß das Kirchlein einen reizvollen barocken Dachreiter.

Vom Innenhof aus fallen dem Betrachter mächtige Satteldächer mit breiten Schleppluken auf, die zugleich die um den Kreuzgang gelagerten Annexbauten bedecken. Dazu gehört zunächst die an die einstige Sakristei anschließende St.-Laurentius-Kapelle, die jetzt diese Funktion ausfüllt. Der kryptaähnliche Raum, von Bischof Udo (1079–1114) errichtet, diente ursprünglich zur Feier der Totenoffizien. Von den schönen romanischen Säulen mit unterschiedlich gestalteten Kapitellen unterscheiden sich spätgotische Stützen mit Laubkapitellen, an denen eine Erweiterung der Kapelle i. J. 1440 abgelesen werden kann. Gleichzeitig wurde damals nach Osten eine weitere, dem hl. Einsiedler Antonius geweihte Kapelle errichtet. Über beiden erstreckte sich im Obergeschoß darüber der einstige Schlafsaal, das Dormitorium der Domgeistlichen, das teilweise zum Rittersaal

In den PERSONIFIKATIONEN DER PARADIESFLÜSSE von der ottonischen Bernwardssäule (links) und der spätromanischen Bronzetaufe (rechts) spiegelt sich die Gemeinsamkeit der mittelalterlichen Symbolsprache in künstlerisch verschiedenen Gestaltungen (vgl. S. 42 und 48).

umgebaut wurde, während seine östliche Hälfte beim Umbau der Antoniuskirche durch die Jesuiten 1655 in diese einbezogen wurde. Beim Wiederaufbau nach 1945 ist die Kapelle umorientiert worden, sie erhielt gleichzeitig einen neuen Zugang von Osten. An der Altarwand wurde der frühere Lettner des Domes aufgerichtet. Die übrigen an Ost- und Nordflügel des Kreuzganges gelegenen Räume dienten verschiedenen Zwecken, u. a. der mittelalterlichen Domschule.

Der Domkreuzgang umschließt noch einen weithin bekannten, eher poetischen Hinweis auf seine älteste Geschichte, den *„Tausendjährigen Rosenstock"*, der sich an der Apsis emporrankt. Die Legende der „Fundatio Ecclesiae Hildensemensis" bringt ihn mit der Gründung des Domes selber in Verbindung. Die nachweisbare Erinnerung reicht jedoch nur ins 16. Jahrhundert zurück. Die von P. Georg Elbers in seinem 1629 verfaßten „Chronicon" berichtete, liebenswürdige Legende wurde gleichsam bestätigt, als dieser 1945 verkohlte und verschüttete Strauch neue Triebe ansetzte und nun Jahr für Jahr wieder prächtige Blüten trägt.

Dem Charakter des St.-Annen-Friedhofs im Quadrum entspricht es, daß viele *Grabmäler bzw. Epitaphien,* die sich einstmals im Inneren des Domes befanden, in den gewölbten Gängen des Kreuzganges aufgestellt sind. Seit dem frühen Mittelalter galt die Bestattung im Gotteshause als begehrtes Vorrecht. So häuften sich dort im Laufe von Jahr-

hunderten die Gedenksteine bedeutender und verdienter Persönlichkeiten. Ihre Zahl wurde schon früher reduziert, nach 1945 aber sind alle noch verbliebenen im Domkreuzgang aufgestellt worden. Dieser birgt nun eine historisch hochinteressante Reihe von Memorienplatten, deren zeitliche Spanne von der Romanik bis zum Barock reicht. Bereits im Durchgang vom Südquerhaus stößt man auf den aus der St.-Laurentius-Kirche hierher übertragenen Grabstein des Bischofs Udo (1079–1114), eine unfigürliche Grabplatte vom Typus des Bernwardsgrabes in der Krypta von St. Michael. Kunsthistorisch bedeutend ist vor allem der in die Außenwand des vorspringenden Chorraumes eingemauerte Grabstein des Presbyters Bruno (gest. um 1195), mit seltenen bildlichen Darstellungen, die dem Stein eine Ausnahmestellung in der romanischen Grabmalkunst verleihen. Aus der gleichen Epoche läßt sich noch der Grabstein des Bischofs Adelog (1171–90) nennen. Die ganzfigurige, frontale Darstellung des Bischofs in kraftvoller Plastizität gilt als eines der bemerkenswertesten Werke niederdeutscher romanischer Skulptur. Dem späten 13. Jahrhundert gehört schließlich die bronzene Grabplatte des Bischofs Otto I. von Woldenberg (1260–79) an, in der in Deutschland wenig gebräuchlichen Grabsticheltechnik gearbeitet und schon an die Frühgotik erinnernd.

Eindrucksvoll ist auch die Reihe der Grabdenkmäler vom ausgehenden 15. zum mittleren 16. Jahrhundert, aus denen

sich die Kunstentwicklung von der späten Gotik bis zur Renaissance treffend ablesen läßt. An die Stelle gotischer Raumdarstellung im Hintergrunde der Platte für den Domherrn Theoderich von Alten (gest. 1502) ist vergleichsweise bei Livinus von Veltheim (gest. 1531) eine antikische Muschelnische getreten, überzogen von Ornamentmotiven der Renaissance, ein Werk des in Niedersachsen bekannten Cordt Mente. Als Kuriosität sei schließlich das Sandsteindenkmal der Herzogin Schonette von Braunschweig (gest. 1436) erwähnt. Der im glockigen Witwenmantel wiedergegebenen Fürstin war ausnahmsweise ein Grab im Dom gewährt worden – sie hatte dem Bistum Hildesheim bedeutende Güter eingebracht.

Die künstlerische Ausstattung des Domes und der Annexbauten

Der Hildesheimer Dom enthält Meisterwerke wie die Türen und die Säule Bischof Bernwards oder auch das romanische Bronzetaufbecken, die zu den bedeutendsten künstlerischen Schöpfungen des Mittelalters in Europa zählen. Aber das Herzstück eines christlichen Dombaues ist stets der *Altar und seine Umgebung*. Die Erneuerung der Hildesheimer Bischofskirche nach 1945 hat darin, im Vergleich zum alten Dom, neue Akzente gesetzt. Der Altar steht nunmehr frei in der Mitte des Hochchores. Eine schwere Tischplatte aus rotem Marmor bedeckt den goldstrahlenden Schrein des hl. Epiphanius, der als einer der Patrone des Domes gilt, seit seine Reliquien aus Pavia dorthin gelangt waren. Der in der Krypta darunter geborgene Schrein des hl. Godehard darf ihm hinzugerechnet werden. Die Auszeichnung des Altars durch das schwebende Rund des riesigen Hezilo-Leuchters macht ihn schon von weitem als Kultzentrum sichtbar.

Die beiden Schreine verdienen, als bedeutendste Werke mittelalterlicher Goldschmiedekunst in Hildesheim, eine eigene Würdigung. *Der Epiphanius-Schrein* ist nur von seinen Längsseiten her voll lesbar. Hier sind Darstellungen der beiden Gleichnisse nach dem Matthäus-Evangelium Kap. 25 gegeben: Christus hinter den Mauern der Himmelsstadt, davor zu beiden Seiten je fünf Frauengestalten. Die Inschrift faßt das Gleichnis von den klugen und törichten Jungfrauen zusammen. An der Gegenseite ist das Gleichnis von den Talenten dargestellt. Die beiden Szenen beziehen sich auf die (früheren) Meßtexte zu den Festen von Bischöfen bzw. Jungfrauen, also den Heiligen, deren Reliquien im Schrein geborgen sind: des hl. Bischofs Epiphanius sowie der hll. Cantius, Cantianus und Cantianilla, deren Fürsprache bei Gott die Inschrift am Sockel erbittet.

ST. ANNA SELBDRITT. Zwei Darstellungen des im Mittelalter beliebten Bildmotivs: oben im Giebelfeld der St.-Annen-Kapelle, die drei hll. Gestalten auf gemeinsamer Bank sitzend dargestellt, unten als Andachtsbild vom Altar der Kapelle, die Figuren einander frei zugeordnet (Holz, farbig gefaßt, Anfang 16. Jahrhundert).

DER GRABSTEIN DES PRIESTERS BRUNO († um 1195) ist einer der bildgeschichtlich bedeutendsten seines Jahrhunderts. – Aus der Reihe der Grabdenkmäler von der Spätgotik bis zur Renaissance ragt DIE BRONZEPLATTE FÜR DEN DOMPROPST LIVINUS VON VELTHEIM († 1531) heraus, ein Werk von Cordt Mente († 1575/77). – Beide im Domkreuzgang.

Seiner kunstgeschichtlichen Stellung nach gehört der Epiphanius-Schrein in die Nachfolge der Werkstatt des Roger von Helmarshausen, der eine ganze künstlerische Generation zwischen Rhein und Weser bestimmt hat. In seinen Umkreis gehört auch *der St.-Godehard-Schrein* in der Domkrypta, der ein wenig früher als der Epiphanius-Schrein entstanden sein dürfte. St. Godehard wurde 1131 heilig gesprochen, und dies dürfte der Anlaß für die Anfertigung des Reliquiars gewesen sein, der dann den zweiten Schrein nach sich zog. In der Grundform stimmen beide Zimelien überein, aber die bildlichen Schwerpunkte des Godehard-Schreines liegen auf den Schmalseiten. Dies dürfte für eine entsprechende kontrapunktische Aufstellung beider Schreine von Anfang an sprechen. Auf der einen Giebelseite ist St. Godehard dargestellt zwschen Bischof Bernhard, der seine Heiligsprechung betrieben, und Papst Innozenz II., der sie vollzogen hatte. Von oben senkt sich die Taube des Hl. Geistes zwischen Engeln nieder. Der bildliche Mittelpunkt ist jedoch an der gegenüberliegenden Schmalseite

gegeben, mit einer Darstellung Christi zwischen Maria und Johannes dem Täufer. Zu diesem Bildtypus gehören auch die in den Bogenfeldern der Längsseiten sitzenden Gestalten der zwölf Apostel. Die Bekleidung der Längsseiten in Edelmetall mit Steinbesatz ist durch moderne Erneuerung weitgehend verfremdet, nachdem schon eine barocke Veränderung des Schreines irreparable Schäden angerichtet hatte. Von der ursprünglichen Gestaltung bleiben daher vor allem die Figuren übrig, deren erdhafte Schwere einer Hildesheimer Zweigschule der Rogerwerkstatt zugeschrieben worden ist und die besonders den Reliefs am Epiphanius-Schrein nahesteht. Aus dem gleichen Umkreis werden noch einige andere Werke im Domschatz aufbewahrt.

Der bezwingende Eindruck der *Lichtkrone des Bischofs Hezilo* ist schon hervorgehoben worden. Mit einem Umfang von fast 19 m ist sie ein monumentales Werk. Ältere Darstellungen des Dominnern zeigen sie in der Mitte des Langhauses. Diese Hängung war wohl beim Aufbau des Renaissance-Lettners notwendig geworden, der breiten Raum in

KRUZIFIX DES BISCHOFS BERNWARD, ein Reliquienkreuz in Silberguß (Höhe 20,2 cm), gleich ausdrucksvoll in Körperhaltung und Physiognomie. Die gravierte Aufschrift der Rückseite nennt Bernward, der das Kreuz um 1007/08 gießen ließ, und führt die im Kreuz bewahrten Heiligenreliquien auf.

der Vierung einnahm. Damit war die Lichtkrone ihrer vornehmsten Aufgabe im Zusammenwirken mit dem Altar entfremdet. Anderseits trug sie im Barock wesentlich zum Festsaalcharakter des Langhauses des Domes bei. Die Lichtkrone selber ist als Reifen von 6 m Durchmesser gebildet, dicht mit Blattornamentik überzogen und in regelmäßigen Abständen mit je zwölf Türmen und Toren besetzt. Die Lichthalter sind hinter den 72 Zinnen des Mauerrings verborgen. Ihrer Gliederung entsprechend ist die Lichtkrone als Abbild des „Himmlischen Jerusalem" zu verstehen. Dies bringt eine der beiden Inschriften zum Ausdruck, die Bischof Hezilo als Stifter nennen. Unter den wenigen erhaltenen Beispielen solcher Lichtkronen aus dem Mittelalter – es gibt Parallelen im Aachener Dom und in der Stiftskirche von Großcomburg – nimmt der Hildesheimer Leuchter wohl einen hervorragenden Platz ein. Man sollte sich bei seinem Anblick auch daran erinnern, daß Bischof Bernward für den Dom einen großen Kronleuchter aus Gold und Silber gestiftet hatte, der leider dem Dombrand von 1046 zum Opfer fiel.

Ein Gotteshaus vom Alter und Range der Hildesheimer Domkirche ist im Laufe der Jahrhunderte durch zahllose Kunstwerke bereichert worden. Beim Wiederaufbau nach 1945 ist aus dem Erhaltenen sorgfältig ausgewählt worden. Am Aufgang zum Altar hat eine spätgotische Skulptur der „Maria mit dem Tintenfaß" Aufstellung gefunden. Liturgische Verwendung wie früher findet ein großes Adlerpult aus Bronze. Durch Wegfall des Lettners wurde eine neue Kanzel erforderlich, die mit Bronzereliefs der „Sieben Gaben des Hl. Geistes" bekleidet ist (L. Baur, 1960).

Neben dem Hochchor gewinnen die *Querhausarme* fast eigenen Raumcharakter. Das Nordquerhaus birgt in der Caecilienkapelle ein Bildwerk der Pietà, Maria mit dem toten Christus auf dem Schoß, aus der Zeit um 1400, darüber hängt ein fast lebensgroßer spätromanischer Kruzifixus von eindrucksvoller Frontalität. Die mächtige Leuchtersäule mit silberner Marienstatuette auf der Brüstung des hoch aufsteigenden Godehardi-Chores ist von einer jüngeren Hildesheimer Tradition mit der sagenhaften „Irmensul" identifiziert worden, die von Karl dem Großen auf der Eresburg umgestürzt wurde.

Im südlichen Querhaus ist neben der St.-Peter-und-Pauls-Kapelle mit der kleinen Gnadenmadonna die mächtige *Bernwardssäule* aufgestellt, ein Hauptwerk des frühmittelalterlichen Bronzegusses, vielleicht um 1020 entstanden. Das Monument ist 3,80 m hoch und hat einen Durchmesser von knapp 60 cm. Das heutige Kapitell ist eine Erneuerung nach romanischem Vorbild. Die künstlerische Wirkung der Bernwardssäule leidet unter der Aufstellung im engen Querhausflügel. Sie sollte in Wirklichkeit als freistehendes Säulenmonument „in medio ecclesiae" stehen. So hatte sie jahrhundertelang in der St.-Michaels-Kirche zu Hildesheim gestanden, bekrönt von einem Kreuze, das in der Reformation verloren ging. Man versteht die bildliche Aussage der

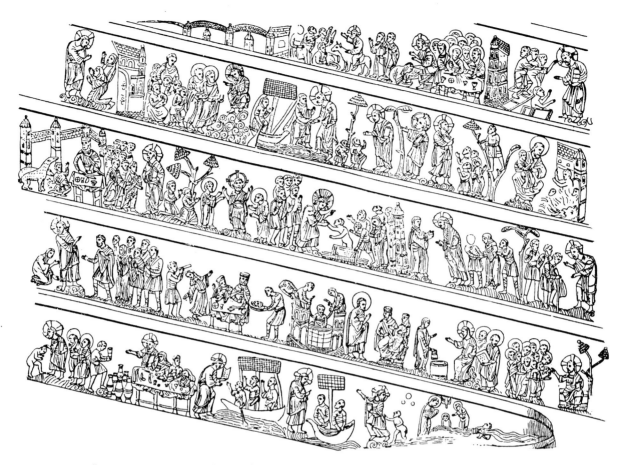

BERNWARDSSÄULE: Abwicklung des Reliefbandes (nach A. Bertram).

Kreuzsäule als „Lebensbaum" erst richtig, wenn man die nur fragmentarisch erhaltenen Personifikationen der Paradiesflüsse an ihrem Fuß beachtet. Der szenische Schmuck zieht sich als spiralig geführtes Reliefband von unten nach oben um den Säulenschaft. Hier ist in 24 Szenen das öffentliche Wirken Christi dargestellt. Die in „Bedeutungsperspektive" jeweils größer erscheinende Gestalt Christi kehrt im Auf und Ab der bewegten Szenen als Akzent immer wieder.

Man hat früh gesehen, daß in dieser Säule ein „Zitat" aus Rom vorliegt, ein Reflex der altrömischen Triumphsäulen. Bischof Bernward hat sie zweifellos gesehen, als er im Gefolge Kaiser Ottos III. in Rom war. In seiner Lebensbeschreibung, von Thangmar verfaßt, wird Bernwards persönliches künstlerisches Engagement hervorgehoben. An einem Großwerk wie der Säule haben in seinem Auftrage gewiß mehrere Künstler mitgewirkt, deren unterschiedliche Stilsprache in manchen Partien deutlich ablesbar ist. Sie reicht von ziemlich grober Modellierung bis zu eher zarter Figurenbildung mit feinen Details. Nicht nur die beteiligten Künstler sind anonym geblieben, wir wissen auch nur wenig über die Quellen von Ikonographie und Stil des Werkes. Entsprechende Bildzyklen liegen sonst nur in ottonischen Handschriften vor. Hier hat man aus dem bernwardinischen Umkreis vor allem an das „Kostbare Evangeliar" im Domschatz gedacht, dessen herbe Figurenbildung gut vergleichbar erscheint. Obwohl aber die zu Recht als eklektisch bezeichnete bernwardinische Kunst aus heterogenen Quellen schöpfte, trägt sie einen durchaus eigenständigen Charakter. Die Säule, für die Lieblingsgründung Bernwards, die St.-Michaelis-Kirche, bestimmt, wurde nach der Reformation umgestürzt, konnte aber glücklicherweise vor der Zerstörung bewahrt bleiben. Seit 1810 war sie auf dem Domhof frei aufgestellt, erst mit dem Wiederaufbau des Domes hat sie den heutigen, wenig glücklichen Platz gefunden.

Aus verschiedenen Gründen ist die Säule eng verbunden mit den Bronzetüren Bischofs Bernwards, die heute im Westportal des Domes eingehängt sind. Auf dem Wege dorthin kommt der Besucher an den *Kapellen der Südseite* des Domes vorbei, die ihrerseits bemerkenswerte Kunstwerke aufweisen. In der Kapelle der Unbefleckten Empfängnis sind drei große, in Silber getriebene Reliefbilder der Gottesmutter mit Kind, Karls des Großen und des hl. Bernward aufgehängt, Arbeiten des Hildesheimer Goldschmieds Anton Syring (1666/67). Die folgende Kapelle der hl. Elisabeth enthält die geretteten Figuren eines spätbarocken Altares von Paul Egell. Weiter folgen die Kapellen der hll. Vinzenz und Anastasius und der hl. Barbara, mit niederdeut-

ABTSKRÜMME FÜR ERKANBALD, einen Verwandten Bischof Bernwards, mit Darstellung des Sündenfalles, um 1000 in Silber gegossen (Höhe 11 cm).

KRÜMME VOM BISCHOFSSTAB ST. BERNWARDS. Romanischer Kern in spätgotischer, silbervergoldeter Fassung (von W. Saltjenhusen 1492), mit figürlicher Darstellung des hl. Bernward.

schen Altarbildern des 17. bzw. 18. Jahrhunderts, und Skulpturen des J. F. Ziesenis von 1743.

Die Bronzetüren Bernwards, im Durchgang des Westwerks von innen sichtbar aufgehängt, sind massiv gegossen. Wenn der kunstsinnige Bischof sich für die Säule an einem römischen Vorbild inspirierte, so mag er die künstlerische Idee für die Türen dem holzgeschnitzten Figurenportal frühchristlicher Zeit in Santa Sabina zu Rom entnommen haben, während die ebenfalls massiv gegossenen karolingischen Portale der Pfalzkapelle zu Aachen technische Anregung gegeben haben könnten. Vor allem aber ist der ikonographische Zusammenhang zwischen Säule und Türen im Auge zu behalten. Während dort Wunder und Gleichnisse aus dem Leben Christi dargestellt sind, schildern die 16 Relieffelder der bronzenen Türflügel Szenen aus der Schöpfungsgeschichte der Bibel und aus der Passion Christi. Die Gegenüberstellung ist typologisch gemeint, und zwar so, daß die Geschehnisse des Alten Bundes als Vorbilder des Neuen Testamentes aufgefaßt werden. Die Bildreihe beginnt auf dem linken Türflügel mit der Darstellung der Erschaffung Adams und verfolgt, von oben nach unten weiterführend, die Geschichte des ersten Menschenpaares über den Sündenfall bis zur Vertreibung aus dem Paradiese und über das Opfer der ersten Menschenkinder bis zum Bruder-

mord. Gerade gegenüber dieser tiefsten Perversion des göttlichen Schöpfungsauftrags setzt die Gegenreihe der Bilder, im untersten Relief des zweiten Türflügels, ein mit der Verheißung der Menschwerdung Christi, die der Engel in der Verkündigung an Maria überbringt. Die Phase des öffentlichen Wirkens Christi ist ganz übersprungen, eine deutliche Rücksichtnahme auf die Thematik der Kreuzsäule. Die letzte Gruppe von vier Reliefs führt über die Passion Christi zum Höhepunkt, in der Gewißheit der Auferstehung des Herrn bei den Frauen am Grabe und in der „Noli me tangere"-Szene. Die gesamthafte Parallelisierung der Bildreihen auf den beiden Türflügeln wird von mehreren einzelnen Gegenüberstellungen bekräftigt und mit besonderen ikonographischen Akzenten versehen. So steht dem Lebensbaum in der Szene des Sündenfalles der neue Lebensbaum des Kreuzes gegenüber. Das Gericht Gottes über die sündigen Stammeltern wird mit der Vorführung Christi vor seine Richter in Beziehung gesetzt. Auf der Gegenseite der säugenden Eva erscheint in königlich-thronender Haltung Maria als „neue Eva". Solche besonderen typologischen und ikonologischen Akzente werden aber auch in der künstlerischen Sprache herausgearbeitet, vor allem durch plastische Hervorhebungen, die sich in den neutestamentlichen Szenen häufen. Dies wird im Gegensatz des flach reliefierten

Der Vorderdeckel des „KOSTBAREN EVANGELIARS" im Domschatz (Hs. 18) schließt ein byzantinisches Elfenbeinrelief der Deësis ein, vielleicht als Geschenk Kaiser Ottos III. an Bischof Bernward gelangt. Metallrahmen im 13. bzw. 15. Jahrhundert erneuert (vgl. S. 66 und 67).

Das romanische RATMANN-SAKRAMENTAR (Hs. 37), 1159 in Hildesheim geschaffen, besitzt einen Vorderdeckel mit Darstellung Christi, über Löwe und Drachen schreitend, aus vergoldetem Kupfer ausgeschnitten und mit Kristallen besetzt (vgl. S. 79).

Grundes in den Szenen der Schöpfungsgeschichte zu der kraftvollen plastischen Ausarbeitung der christologischen Szenen gut deutlich. Die plastisch-räumlichen Momente erreichen einen auffallenden Höhepunkt in den weit aus dem Reliefgrund vorragenden Gestalten der Eva und Mariae.

Die künstlerisch-entwicklungsgeschichtlichen Wurzeln dieses monumentalen Bronzebildwerkes, das in seiner Zeit ganz einzigartig dasteht, haben sich nur teilweise klären lassen. Für die Szenen aus der Schöpfungsgeschichte hat man an die kleinfigurigen Genesiszyklen in Bibeln aus Tours in der Karolingerzeit gedacht, eine entsprechende Handschrift ist für Hildesheim nachgewiesen worden. Für andere Szenen hat man Übereinstimmungen in den Freskenzyklen der großen Apostelbasiliken Roms gefunden. Die Herkunft der Stilformen an den Bronzetüren hat R. Wesenberg mit der Elfenbeinkunst in den Kunstzentren Lotharingiens, des karolingischen Mittelreiches, in Verbindung gebracht, aber auch mit verschiedenen Strömungen innerhalb der ottonischen Kunst, wobei auch die „Reichenauer" Kunst um 1000 nicht beiseite bleibt. Der eklektische Charakter der Kunst in Hildesheim tritt also auch hier deutlich zutage. Dem entsprechen im übrigen die Feststellungen, die zu den verschiedenen Künstlern gemacht worden sind, die an dem großen Werke beteiligt gewesen sein dürften.

Neuere Stiluntersuchungen haben es wahrscheinlich gemacht, daß vier bis sechs verschiedene Hände daran gewirkt haben. Mit einer Inschrift, die quer über die Mitte beider Türflügel verläuft, tragen die Bernwardstüren den historischen Ausweis ihrer Entstehung auf sich. Darin wird mitgeteilt, daß die Türen von „Bischof Bernward seligen Angedenkens" im Jahre 1015 „an der Fassade der Engelskirche" – ANGELICI TEMPLI – zum eigenen Gedächtnis aufgehängt worden seien. Aus dem Wortlaut, der allerdings unterschiedlich interpretiert wird, geht mit Sicherheit hervor, daß die Schriftzeilen erst nach dem Tode des Bischofs 1022 angebracht worden sind. Da aber auch erwähnt wird, daß die Bronzeflügel für das ANGELICUM TEMPLUM, also doch wohl St. Michaelis, bestimmt waren, erhebt sich die Frage, zu welchem Zeitpunkt sie in den Dom übertragen worden sind. Anlaß dazu könnte der Brand der Michaeliskirche von 1034 gewesen sein. Aus der Vita des hl. Bischofs Godehard geht nämlich hervor, daß er es war, der die Türen in das Westportal des Domes einsetzen ließ, das er vorher hatte erweitern lassen: zu einem „herrlichen Paradies mit schönen Toren und hohen Türmen, das er im 13. Jahre seiner Erhebung vollendete", also im Jahre 1035. Man wird annehmen dürfen, daß er damals auch die Inschrift auf den Türen anbringen ließ.

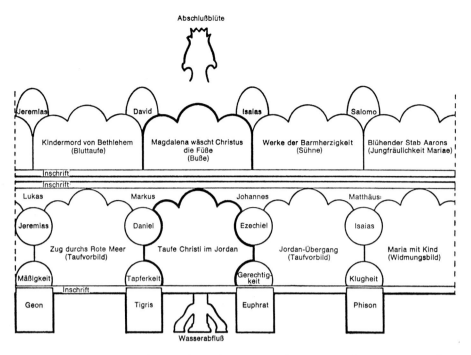

Abschlußblüte

Jeremias | David | Isaias | Salomo

Kindermord von Bethlehem (Bluttaufe) | Magdalena wäscht Christus die Füße (Buße) | Werke der Barmherzigkeit (Sühne) | Blühender Stab Aarons (Jungfräulichkeit Mariae)

Inschrift
Inschrift

Lukas | Markus | Johannes | Matthäus

Jeremias | Daniel | Ezechiel | Isaias

Zug durchs Rote Meer (Taufvorbild) | Taufe Christi im Jordan | Jordan-Übergang (Taufvorbild) | Maria mit Kind (Widmungsbild)

Mäßigkeit | Tapferkeit | Gerechtigkeit | Klugheit

Inschrift

Geon | Tigris | Euphrat | Phison

Wasserabfluß

BRONZENES TAUFBECKEN: Schematische Ordnung der bildlichen Darstellung (nach V. H. Elbern).

Die künstlerische Ausstattung des Hildesheimer Domes findet einen letzten Höhepunkt in den Kapellen der Nordseite, die den Hll. Drei Königen, dem Apostel Matthäus, den zehntausend Märtyrern und dem hl. Georg geweiht sind. Unter den hier aufgestellten Skulpturen und Altarbildern sind hervorzuheben eine große Sandsteinstatue der Gottesmutter mit Kind, ein Werk der ausgehenden Romanik in Niedersachsen, sowie zwei Altarbilder des sehr geschätzten niederländischen Manieristen Marten de Vos. In der Georgskapelle ist auf niederem Untersatz das berühmte *Bronzetaufbecken* aufgestellt, das lange Zeit im westlichen Teil des Langhauses gestanden hatte. Diese Taufe gehört zu den bedeutendsten Bronzebildwerken des hohen Mittelalters in ganz Europa. Bei einer Gesamthöhe von 1,70 m und 3 m Umfang ist es wiederum ein monumentales Werk, dessen wuchtige Gesamterscheinung von der Eleganz des Umrisses und der Feinteiligkeit des Reliefdekors gemildert wird. Die wesentlichen Teile sind für sich gegossen. Der zylindrische, nach oben verbreiterte Kessel ruht auf den Tragefiguren der vier Paradiesesflüsse. Die Wandung ist architektonisch gegliedert, durch Dreipaßbögen auf Säulchen, deren Basen und Kapitelle Medaillons mit Bildern von Tugenden und Propheten tragen, in den Zwickeln darüber breiten die Evangelistensymbole die Flügel aus. Auch der konisch zulaufende Deckel ist entsprechend strukturiert. Er endet in einer großen Blüte. Die bildliche Ausstattung ist jeweils in vier Felder geordnet. Man erkennt eine Art vertikaler Bildachse, unten die Taufe Christi im Jordan und am Deckel darüber die Fußwaschung durch Magdalena, mit dem beherrschenden Bilde des thronenden Christus. Die untere

Szene wird flankiert von Darstellungen aus dem Alten Testament, dem Durchzug der Israeliten durchs Rote Meer und dem Übergang über den Jordan mit dem Einzug ins Gelobte Land, also typologischen Hinweisen auf die christliche Taufe. Am Deckel erscheinen Bilder, die sich auf den reinigenden Charakter des Taufsakramentes beziehen: der Kindermord in Bethlehem (Bluttaufe) und Werke der Barmherzigkeit, diese vertreten durch eine liebliche Frauengestalt, in der man einen Hinweis auf die hl. Elisabeth (gest. 1231) hat erkennen wollen. Der beschriebenen christologischen Achse entspricht ein mariologisches Gegenstück in den beiden übereinander angeordneten Szenen der Legende vom blühenden Stab Aarons als Sinnbild der Jungfräulichkeit Mariae, und darunter der thronenden Gottesmutter mit dem Kinde. Zu ihren Füßen kniet der Stifter des Taufbeckens, Wilbern. Die jeweils aus vier Versen bestehenden Umschriften erläutern die bildsymbolische Aussage der einzelnen Teile, in den Zeilen am oberen Beckenrand ist der ikonographische Zusammenhang auf eine knappe Formel gebracht (in Übersetzung):

Vier Ströme des Paradieses bewässern den Erdkreis,

Ebenso viele Tugenden benetzen das Herz, von Sünden gereinigt.

Was der Mund heiliger Propheten verkündete,

Das ist alles erfüllt, davon sangen die Evangelisten.

Über dem tiefen ikonographischen Sinn sollte der künstlerisch-ästhetische Rang der Hildesheimer Bronzetaufe nicht vergessen werden. Das Verhältnis der ordnenden Architekturformen und der einbeschriebenen figürlichen Szenen ist in vollendeter Weise ausgewogen. Die plastische Modellie-

DIE BISCHOFSSTÄBE ST. GODEHARDS (1022–38) UND OTTOS I. (1260–79) sind sikulo-arabische Elfenbeinarbeiten des 12. Jahrhunderts. Der eine zeigt in der schlichten Krümme einen Tierkopf mit Kreuzchen, der andere eine vom Drachen bedrohte Gazelle. Die silbervergoldete Fassung des Ottostabes ist spätgotisch.

rung der Gruppen ebenso wie die psychologische Erfassung der einzelnen Gestalten sind eingebunden in den theologisch-lehrhaften Gesamtcharakter, der durch zahlreiche Aufschriften betont ist. Die Harmonie aller dieser Faktoren kommt nicht zuletzt darin zum Ausdruck, daß das mächtige Gefäß über den Tragefiguren ins Schwebende umgesetzt erscheint. Auch im Falle des Bronzetaufbeckens ist der Künstlername unbekannt geblieben. Der Stiftername Wilbern hat zu verschiedenen Spekulationen Anlaß gegeben. Nach einer Vermutung von A. Dolfen könnte er identisch sein mit Wilbrand von Oldenburg, der zuerst Domherr in Hildesheim war, 1226/27 Bischof von Osnabrück wurde und 1233 als Bischof von Utrecht starb. Sein Name erscheint auch auf einer Bronzetaufe im Dom zu Osnabrück. Aber nicht nur die genauen historischen Umstände der Entstehung der Hildesheimer Taufe blieben bisher im Ungewissen, auch die künstlerischen Quellen sind noch nicht geklärt. Wohl kann man feststellen, daß an ihr frühgotische Stiltendenzen in die romanische Formenwelt eindringen, und ferner, daß offensichtlich byzantinisierende Einflüsse auf dieses Werk eingewirkt haben. Ein künstlerischer Zusammenhang mit dem Elisabeth-Schrein in Marburg ist seit

langem gesehen worden. Schließlich sei noch daran erinnert, daß die Vorliebe für den Bronzeguß eine hildesheimische und niedersächsische Besonderheit ist, in einer letztlich auf Bischof Bernward zurückreichenden Tradition.

In der Rückwendung von den monumentalen Bronzebildwerken zum Hochaltar des Domes sollte man sich erinnern, daß dort bis zum Jahre 1945 *der große Lettner* aufgestellt war, der den Domherrenchor vom Langhaus abschloß. Obwohl dieses Werk jetzt in der Antoniuskirche aufgestellt ist, darf an dieser Stelle darüber gesprochen werden, da diese mächtige Bildwand 400 Jahre lang das Bild des Dominnern wesentlich mitbestimmte. Eine grundsätzliche Aussonderung des christlichen Altarraumes ist bis in die frühesten Zeiten zurückzuverfolgen. Für den Hildesheimer Dom ist ein Trenngitter schon im 10. Jahrhundert bezeugt. Im Jahre 1546 wurde der neue Lettner als Stiftung des Domherrn Arnold Freidag errichtet, durch Stifterbild, Inschrift und Jahreszahl gut bezeugt. Bemerkenswerterweise ist dies mitten in den Wirren der Reformation geschehen, die Hildesheims Bürgerschaft stark erfaßte und zur Schließung aller Kirchen, im gleichen Jahre 1546 sogar des Domes, für den katholischen Kult führte. Man wird sich fragen müssen,

TURMRELIQUIAR, im Typus eines dreigeschossigen, sechseckigen Zentralbaues, 92 cm hoch. Zahlreiche Nischen bergen figürliche Darstellungen hildesheimischer Patrone. In dieser Stiftung des Domkellners Lippold von Steinberg (✝ 1415) ist vielleicht der mittelalterliche Vierungsturm des Domes nachgebildet worden.

ist die vertiefte Wandfläche mit Reliefbildern zwischen Stabrahmungen gefüllt. Über einem reich ornamentierten Gesims steigt das Obergeschoß fast 7 m hoch auf, in fünf Giebelfeldern, deren Bögen sich zur Mitte hin in die Höhe staffeln. Jedes dieser Felder enthält wieder ein Relief mit einer kleinen Säulengalerie darüber, die ein durchbrochenes, ornamentiertes Bogenfeld trägt. Das bildliche Programm des Lettners entwickelt sich von links unten zur Mitte oben und steigt dann wieder nach rechts ab. Es setzt sich zusammen aus neutestamentlichen Szenen mit ihrer typologischen Entsprechung aus dem Alten Testament. Beginnend mit dem Opfer des Melchisedech bzw. dem letzten Abendmahl steigt ihre Reihe auf zur Errichtung der Ehernen Schlange. Dem entspricht der an das Triumphkreuz geheftete Christus. Die Bildfolge geht weiter bis zum Siege Christi über den Satan, mit der Vorbildszene des Sieges Davids über Goliath. Auf der Rückseite des Lettners, die nur vom Kapitelchor einzusehen war, kehren mit gewissen Abweichungen die gleichen Bilder wieder.

Das mächtige Bildwerk kann mit Sicherheit dem Johann Brabender, genannt Beldensnyder, zugeschrieben werden, dessen Werkstatt zwischen 1539 und 1562 im nordwestdeutschen Raum tätig gewesen ist. Eine Beziehung zu dem 1542 vollendeten Lettner für den Dom zu Münster scheint gegeben, die künstlerischen Unterschiede sind aber nicht zu verkennen. Im Hildesheimer Lettner sind die spätgotischen Stilelemente bereits überwunden von der künstlerischen Sprache der italienischen Renaissance, die damals durch Ornamentstiche weite Verbreitung fand. In der bildlichen Thematik hingegen erinnert das Werk in Hildesheim eher an einen Lettner für St. Maria im Kapitol zu Köln, der 1523 in Mecheln geschaffen wurde. Die Kunst Beldensnyders ist gekennzeichnet durch eine ausgewogene Verbindung von großem architektonischen Aufbau, feinster Ornamentierung der Fläche und kräftiger plastischer Bildung des figürlichen Werkes. Alte Darstellungen des Dominnern lassen erkennen, daß der Lettner als wichtiges raumbildendes Element in die barocke Umgestaltung zwischen 1718 und 1734 einbezogen worden war. Damals ist eine ästhetisch gelungene Verschmelzung aller im Dom vertretenen zeitlichen Schichten gelungen, ein „Gesamtkunstwerk" von hoher festlicher Wirkung, für das unsere Zeit neues Verständnis aufzubringen vermag.

ob die Errichtung des Lettners, mit seinem streng auf die Heilige Schrift bezogenen Bildprogramm, nicht als eine Demonstration solcher Rückbesinnung gewertet werden kann. Der Aufbau des Lettners stellt sich dar als eine von vier Pfeilern getragene Fassadenwand, deren unteres Geschoß von zwei Durchgängen und einem Mittelbogen durchbrochen ist. Dieser war ursprünglich für die Kanzel bestimmt, die jetzt gesondert aufgestellt ist. An den äußeren Seiten

Domschatz und Diözesanmuseum

Viele alte Bischofskirchen besitzen mehr oder minder bedeutende Schatzkammern, in denen kultische und liturgische Gegenstände, oft aus den edelsten Materialien angefertigt, sowie andere historische Erinnerungsstücke gehütet werden. Kirchliche Schatzkammern sind auch eine Art Vorbilder der späteren Museen geworden. Nur wenige Dome in Mitteleuropa gibt es jedoch, deren Geschichte so weit zurückreicht und deren Schatzkammer so zahlreiche Stücke dieser fernen Vergangenheit bewahrt wie der Hildesheimer, Werke von hohem geschichtlichen und künstlerischen Rang, die durch alle Gefährdungen der bewegten Geschichte von Stadt und Domstift hindurch gerettet werden konnten. Der heutige Bestand ist gleichwohl nur ein Bruchteil des einst Vorhandenen. Seit dem frühesten bezeugten Brande des Domes 1013 hören die Klagen über Verluste an kostbarem Kultgerät nicht auf. Der vernichtende Feuersturm von 1046 unter Bischof Azelin, weitere Brände, z. B. 1226, Verluste durch kriegerische Ereignisse, Verpfändungen und Kontributionen, aber auch Diebstähle oder bloße Unachtsamkeit haben Verluste und Beschädigungen mit sich gebracht. Was bis heute in Hildesheim erhalten geblieben ist, erscheint immer noch als hell glänzender Spiegel einer großen Vergangenheit. In diesem Zusammenhang mag eine bemerkenswerte, stete Fürsorge zur Aufbewahrung und Pflege all der kostbaren Objekte hervorgehoben werden, denn schon unter Bischof Adelog wurde eine Schatzkammer an der Westseite des südlichen Querschiffes eingerichtet. Das ist ziemlich genau an der gleichen Stelle, wo sie sich noch heute befindet. Die Aufsicht über dieses „gazophylacium" oblag einem Thesaurarius. Dieser war stets Mitglied des Domkapitels, das alljährlich in einem Generalkapitel den Bestand von Domschatz und Paramentenkammer visitierte. Die opferbereite Fürsorge der Beauftragten des Domkapitels hat auch im letzten, vernichtenden Weltkrieg größere Verluste der Hildesheimer Domschatzkammer verhüten können.

Versucht man, den heutigen Bestand zu ordnen, so wird man zuerst die Werke ins Auge fassen, die in die Jahrhunderte der Gründung zurückreichen können. Die fromme Tradition in Hildesheim glaubte, im „hilgedom" Unserer Lieben Frau, der schon genannten Lipsanothek, jenes Reliquienkästchen noch zu besitzen, das nach der Legende Anlaß zur Gründung des Marienheiligtums auf dem späteren Domhügel wurde. Wenn auch die kunsthistorische Forschung die silberne Kapsel ins 10. Jahrhundert verwiesen hat, so bleibt doch die Annahme plausibel, daß der Reliquieninhalt tatsächlich auf die Ursprungszeit zurückgeht. Auch ein bursenförmiges Reliquiar, die sog. Hierotheca, ebenfalls mit Marienreliquien, sowie einer der kleinen bischöflichen Grabkelche sind aus dem 10. Jahrhundert erhalten geblieben. Die Schriftquellen lassen erkennen, daß schon in dieser frühen Zeit künstlerische Werkstätten beim Dom bestanden. So wird unter Bischof Othwin (gest. 984) ein goldener, mit Edelsteinen besetzter Altarvorsatz erwähnt, der 1664 leider eingeschmolzen wurde, um aus dem Metall neue liturgische Geräte machen zu lassen.

Von entscheidender Bedeutung für den kunsthistorischen Rang Hildesheims ist *Bischof Bernward* gewesen, Lehrer

DAS JERUSALEMER KREUZ, eine byzantinisch-russische Arbeit des 12. Jahrhunderts, diente als Brustreliquiar (Silber, 12 cm hoch). Die niellierte Darstellung des Gekreuzigten sowie, im Innern, des Kaisers Konstantin und der hl. Helena, läßt auf Reliquien aus dem Heiligen Lande schließen, vielleicht sogar solche vom Wahren Kreuz.

DER SILBERNE GRABKELCH MIT PATENE, aus dem Grab des Bischofs Osdag († 989), ist das bedeutendste Beispiel unter den bischöflichen Grabkelchen im Domschatz. Gefäße dieser Art dienten auch als Kelche auf Reisen.

und Vertrauter Kaiser Ottos III. In der Lebensbeschreibung, sogleich nach seinem Tode 1022 geschrieben, ist wiederholt die Rede von Werken edelster Kunst, von Bauten bis zu Handschriften, kostbaren Reliquiaren und anderen Kultgeräten. Noch der heutige Domschatz birgt zahlreiche Schöpfungen aus der Zeit seines Pontifikats. Die Reihe der bemerkenswerten Pergamenthandschriften beginnt mit einem kleinen Evangeliar, für das der Bischof einen neuen Einband schaffen ließ und dessen Rückseite in Braunfirnis sein Monogramm trägt. Die bernwardinische Buchkunst gipfelt im bilderreichen „Kostbaren Evangeliar" mit seinem besonders prunkvoll verzierten Buchdeckel, der ein byzantinisches Elfenbeinrelief einschließt. Die Vorliebe des Bischofs für exquisite kunstgewerbliche Arbeiten äußert sich unter anderem in den köstlichen Silbergüssen, einem Reliquienkreuz, zwei reliefierten Leuchtern und der Krümme eines Abtsstabes. Als eines der seltenen Großwerke ottonischer Skulptur hat Bischof Bernward die Große Goldene Madonna hinterlassen, die nach sorgfältiger Restaurierung und Ergänzung heute wieder einen hervorragenden Platz einnimmt. Sie wird bei feierlichen Gelegenheiten im Dom gezeigt und sonst in der Schatzkammer aufbewahrt. Man darf vielleicht annehmen, daß die Domkirche damals ebenso einen monumentalen Kruzifixus besaß, wie er im benach-

barten Ringelheim noch erhalten ist, wo Bernwards Schwester Äbtissin war.

Angesichts solcher weitgespannten künstlerischen Aktivitäten mag es begreiflich erscheinen, daß die Überlieferung noch andere, in Wirklichkeit aus jüngeren Epochen stammende Werke dem Bischof zuschrieb, und dies teilweise in Verbindung mit echten oder geglaubten Reliquien, die man auf ihn zurückführte. So geschah es mit dem Bischofsstab St. Bernwards, dessen romanischer Kern am Ende des 15. Jahrhunderts eine prunkvolle Fassung aus vergoldetem Silber erhielt, so ferner mit dem sog. Bernwardskelch, der in Wirklichkeit um 1400 entstand und dem Heiligen wohl nur wegen der besonderen Kostbarkeit dieses goldenen Gefäßes zugeschrieben wurde. Eine andere Bewandtnis hat es wohl mit dem Großen Bernwardskreuz, einer der schönsten Zimelien im Domschatz. Der Reliquieninhalt, ein Partikel des Wahren Kreuzes, könnte auf jene Kreuzreliquie zurückgeführt werden, die der Bischof von Kaiser Otto III. als Geschenk erhielt. Thangmar erwähnt in der Vita Bernwardi, daß der Bischof selber eine goldene „theca" für diese Reliquie verfertigte. Das heutige Kreuz ist aber erst im frühen 12. Jahrhundert gearbeitet. Es ist heute Besitz der St.-Magdalenen-Kirche. Man kann die Reihe bernwardinischer Erinnerungsstücke beschließen mit dem Meßgewand des Bischofs, aus Seidendamast orientalischer Herkunft gearbeitet. Die eingewebten Medaillons zeigen Vögel am Lebensbaum. Die anzunehmende Entstehungszeit des Stoffes liegt in der Zeit um 1000, das Gewand soll 1194 dem Grabe des damals heiliggesprochenen Bischofs entnommen worden sein.

Nach der großen Zeit Bernwards und seiner Nachfolger Godehard und Hezilo – dem nicht nur die oben besprochene Lichtkrone zu verdanken ist, sondern auch ein schön illuminiertes Evangeliar im Domschatz zugeschrieben wird – folgt ein zweiter, anhaltender Höhepunkt hildesheimischer *Kunst in der Periode der Romanik.* Zu den damals geschaffenen oder erworbenen Werken gehört vor allem eine Gruppe von Reliquiaren. Sie mögen den heutigen Betrachter daran erinnern, wie sehr der Mensch des Mittelalters überzeugt war von der fortwirkenden, vorbildhaften Gegenwart der Heiligen. Ihre Reihe beginnt mit einigen Kästchen von schlichter Form, die gleichzeitig als Tragaltäre zu verwenden waren, mit Verzierungen in Niello, Email und Elfenbein. Für ein Reliquiar waren wohl auch sechs große Emailplatten bestimmt, jede mit mehreren Szenen aus dem Leben Christi. Das Bestreben des hohen und späten Mittelalters, den Gläubigen die Reliquien sichtbar vor Augen zu stellen, erklärt ihre Fassung unter Kristallen. Seinen künstlerischen Höhepunkt hat der Reliquienkult im Dom zu Hildesheim, abgesehen von den beiden schon erwähnten Schreinen, in zwei architektonisch gestalteten Aufsätzen gefunden. Das Oswaldreliquiar hat die Form eines überkuppelten Zentralbaues, dessen Seiten mit nielierten Darstellungen bedeckt sind und aus dessen Kuppel das Idealporträt des gekrönten Heiligen herausragt. Dieses, wie auch das imposante Steinbergsche Turmreliquiar, in mehreren figürlich bereicherten Geschossen aufsteigend, kann man sich gut als Ziel von Reliquienprozessionen vorstellen.

Wie schon an der Bronzetaufe gezeigt, läßt die romanische Kunst Niedersachsens, und besonders Hildesheims, eine fortdauernde Vorliebe für den Bronzeguß erkennen, mag die örtliche Bestimmung vieler Kleinbronzen auch schwierig sein. Unter den Arbeiten im Domschatz sind mehrere Bronzekruzifixe zu nennen, von denen zwei erst kürzlich wiederentdeckt worden sind. Bemerkenswertestes Beispiel ist das Kreuz auf der sog. Provisurpyxis, die als Kleinarchitektur gebildet ist. Ein Leuchterpaar mit allegorischen Figuren stammt aus einer bedeutenden maasländischen Werkstatt und ist geschenkweise im 19. Jahrhundert nach Hildesheim gelangt. Liturgischer Bestimmung als Zierate des Altars und der Verwendung bei Prozessionen dienten vor allem die drei Scheibenkreuze, die vermutlich in den Domwerkstätten selber entstanden sind. Sie haben sich als einzige Gruppe dieser Art an ihrem Ursprungs- und Bestimmungsort erhalten und vermitteln eindrucksvoll den

DER SOGENANNTE „BERNWARDSKELCH" ist um 1400 wohl in Hildesheim geschaffen worden (Gold und Silber, 22,5 cm hoch). Das mächtige Kultgefäß zeigt am Fuß gravierte Bildmedaillons und um die Kuppa umlaufend eine Darstellung des Letzten Abendmahles. Der Knauf besteht aus einem ungewöhnlich großen Zitrin, der Fuß ist mit antiken geschnittenen Steinen besetzt.

goldstrahlenden Glanz, von dem der mittelalterliche Altar umgeben war. Denn jedes liturgische Gerät sollte dazu beitragen, im Gotteshause bildhaft die goldenen Lichter der Himmelsstadt aufleuchten zu lassen. Dieses Bestreben sprach sich nicht zuletzt aus in der Verwendung kostbarer Materialien, in kunstvollen Techniken sowie in gedankenreichen symbolischen oder figürlichen Gestaltungen. Auch die einzige im Hildesheimer Domschatz gehütete Handschrift der romanischen Zeit, das Ratmann-Sakramentar, ist in seiner reichen Ausstattung mit ganzseitigen Miniaturen, Initialen und vor allem einem prächtigen Buchdeckel so zu verstehen. Von diesem Buche aus wird gleichzeitig noch einmal die Verbindung zur Kunst Rogers von Helmarshausen bekräftigt.

Aus nachromanischer Zeit besitzt der Hildesheimer Domschatz mehrere Kelche, Reliquiare – Reliquienmonstranzen und Armreliquiare – sowie Pyxiden, Kreuze und andere liturgische Geräte. Nur wenige davon sind von einem künstlerischen Rang, der den Vergleich mit den Schöpfungen der

Als Beispiel eines der barocken Altarvorsätze des Domes ist DAS KLEINE ANTEPENDIUM abgebildet, die silbergetriebene Arbeit einer Augsburger Werkstatt von 1730–40 (105 cm hoch, 163,5 cm breit). In der Mitte des Bildfeldes ist die „Verkündigung an Maria" wiedergegeben, von Gittermuster, Bandwerk und Girlanden umgeben.

früheren Jahrhunderte aushielte. Zu nennen sind nochmals Bernwardsstab und Bernwardskelch, wie auch der diesem nahestehende Kelch des Bischofs Gerhard (1365–98). Im Barock schließlich ist eine Art Nachblüte hildesheimischer Goldschmiedekunst festzustellen. Anton Syring (gest. 1677) ist der Meister mehrerer Silberreliefs in der Immaculata-Kapelle des Domes und in der Schatzkammer. Anderes ist importiert worden, beispielsweise ein köstliches Hostienziborium mit Emailmedaillons, datiert 1698, und das sog. Kleine Antependium (1730–40), beide aus Augsburg. Das mehr als 3 m breite Große Antependium ist in Köln um 1700 entstanden und wurde nach Hildesheim gestiftet.

Es ist eines der Charakteristika mittelalterlicher Schatzkammern, daß in ihnen neben den Werken sakraler Bestimmung gern auch wunderliche – natürliche wie künstliche – Gebilde gesammelt wurden. Der Hildesheimer Domschatz besitzt beispielsweise eine sog. Greifenklaue, ein Horn in Silberfassung des 15. Jahrhunderts, von der Tradition als Trinkhorn Karls d. Gr. bezeichnet. Daneben sieht man eine Elchschaufel, die mit kunstvoll gravierten Ornamenten bedeckt ist. Von Bischof Bernward bzw. Kaiser Otto III. soll ein Fragment von rotem Marmor – Porphyr – stammen, das als Teil eines der Krüge vom Weinwunder galt, das Jesus in Kana wirkte. Seit dem 17. Jahrhundert hing es in Silberfassung hinter dem Hochaltar. Im gewissen

Sinne ist auch das sog. Jerusalemer Kreuz ein Kuriosum: ein silbernes Brustreliquiar, mit Niello-Darstellungen und altslawischen Aufschriften, eines der ältesten russischen Schriftdenkmäler. Das schlichteste Objekt im Domschatz aber ist ein Ziegelstein mit dem eingebrannten Namen des Bischofs Bernward: Auf seinem Werk beruhen auch heute noch Ruhm und künstlerische Größe des Domstifts zu Hildesheim.

Im Sommer des Jahres 1978 ist in unmittelbarer Nachbarschaft der Domschatzkammer *das Diözesanmuseum* neu eingerichtet worden. Schon vor den Kriegszerstörungen war es im sog. Rittersaal, der „aula nobilium", über der Laurentiuskapelle und heutigen Sakristei eingerichtet. In der Neuaufstellung ist es um einige Nebenräume erweitert worden, darunter den ehemaligen Kapitelsaal und die kleine Bartholomäuskapelle. Das Museum enthält Werke christlicher Kunst aus dem Bereich des ganzen Bistums und entlastet nicht zuletzt die Domschatzkammer. So konnten in ihm beispielsweise die silbernen Altarvorsätze (Antependien) in gebührender räumlicher Großzügigkeit neu aufgestellt werden. Natürlich lassen die im neuen Museum aufgestellten Skulpturen, Bilder und historischen Erinnerungsstücke immer wieder an die beklagenswert großen Kriegsverluste denken. Die Geschichte von Dom und Bistum spiegelt sich in graphischen Darstellungen, Plänen und

Karten, ferner in Münzen, Siegeln und Andachtsgegenständen. Wiegendrucke aus dem Bistumsarchiv und Handschriften aus der Beverina, darunter ein Lektionar mit Reichenauer Miniaturen, vervollständigen die Reihe der Kodizes in der Domschatzkammer.

Der wesentliche Schwerpunkt des Diözesanmuseums sammelt sich auch heute noch im Rittersaal, in dessen Standvitrinen neben kultischem Gerät vor allem eine Sammlung hervorragender Paramente, d. h. liturgischer Gewänder, der Domkirche ausgestellt ist. In früherer Zeit war der Saal mit Wandgemälden von J. G. Winck (1710–81) ausgeschmückt, allegorischen Darstellungen der Stände des fürstbischöflichen Hochstiftes. Von der alten Ausstattung sind immerhin noch die großen frühbarocken Wandbehänge erhalten, die um 1620 in der Werkstatt des Frans van der Planten in Paris entstanden sind. Diese Tapisserien stellen Szenen aus der Geschichte der Königin Artemisia dar, als allegorischen Hinweis auf Königin Maria de Medici von Frankreich und ihren Sohn, König Ludwig XIII. Die Gruppe der kostbaren Teppiche war ein Geschenk des Propstes Franz D. J. von Landsberg (gest. 1727) an die Hildesheimer Domkirche.

Dom und Domschatz von Hildesheim stellen, in ihren frühmittelalterlichen Akzenten, einen in ganz Europa fast einzigartigen Denkmalskomplex dar. Die mächtige Bischofskirche ragt als Gründung bis in die Karolingerzeit zurück. Noch ihre heutige Gestalt ist im wesentlichen der Bautätigkeit von Bischöfen des frühen Mittelalters zu verdanken. Im Jahrhundert der Ottonenkaiser hatte das Gebiet zwischen Weser und Elbe ein beherrschendes politisches und kulturelles Gewicht gewonnen. Unter den monastischen und bischöflichen Zentren dieses Teiles Deutschlands zeichnete sich Hildesheim erst recht aus, seitdem der kunstliebende Bischof Bernward, Bischof und Reichsfürst zugleich, hier wirkte. Größe und Geschlossenheit seines Werkes, in dem Einflüsse aus allen Teilen des frühmittelalterlichen Imperiums zusammenkamen, stehen noch heute dem Betrachter deutlich vor Augen, nicht zuletzt in der „Gottesburg" der Abteikirche St. Michael.

Der unübertroffene Rang der bernwardinischen Epoche bleibt für den Hildesheimer Bischofssitz keine vereinzelte Episode. Zur Zeit der Romanik erweist sich seine Lebenskraft aufs neue, in großen künstlerischen Schöpfungen – von der gewaltigen Lichterkrone Bischofs Hezilos angefangen bis zu den Meisterwerken mittelalterlicher Goldschmiedekunst, die im Domschatz gehütet werden. Im doppelgeschossigen Kreuzgang wird der Geist dieser Zeit noch heute gegenwärtig und reicht von dort zugleich weiter in spätere Jahrhunderte. Im Auf und Ab der geschichtlichen Vorgänge ergeben sich immer wieder bemerkenswerte künstlerische Höhepunkte. Sie dokumentieren die fortdauernde religiöse und kulturelle Bedeutung des fürstbischöflichen Hildesheim bis ins 18. Jahrhundert, als die mittelalterliche Domkirche umgestaltet wird zum barocken Festsaal. Hildesheims Dom und Domschatzkammer sind zu guter letzt auch aus den Zerstörungen des letzten Krieges wieder emporgestiegen, in getreu wiederhergestellter mittelalterlicher Gestalt. Für den Menschen unserer Zeit ist es in besonderer Weise packend, sich die wohlbewahrten künstlerischen Zeugnisse aus der Geschichte Hildesheims vor Augen führen zu lassen, – als „Wiederherstellung der Erinnerung" (E. R. Curtius), im Wissen um unverlierbare Werte.

Silbervergoldete BAROCKE SONNENMONSTRANZ, in Augsburg 1698 geschaffen, von seltener Gestaltungsweise: Ein Engel trägt die Bundeslade, darüber die Hostienlunula. Die Monstranz wird von der Gruppe der Göttlichen Dreifaltigkeit bekrönt.

Kunstgeschichtliche Zeittafel

etwa 815 GRÜNDUNG DES BISTUMS DURCH LUDWIG DEN FROMMEN
Errichtung der Marienkapelle (Zentralbau) westlich einer älteren Missionskapelle in der Chorapsis des heutigen Domes zu Hildesheim. Übertragung von Teilen der Reliquien aus der Aachener Pfalzkapelle (Lipsanothek „Hilgedom Unser Leven Frowen").

etwa 815–834 ERSTER BISCHOF GUNTHAR
Erster Dombau, ein der hl. Caecilia geweihter Holzbau.

845–851 BISCHOF EBBO, zuvor Erzbischof von Reims

851–874 BISCHOF ALTFRID
Erster massiver Dombau: dreischiffige Basilika mit Westwerk, Querhaus und Chorraum mit Apsis; ein Umgang stellt die Verbindung zur Marienkapelle her, Weihe: 1. 11. 872.

954–984 BISCHOF OTHWIN
Am 22. 2. 963 Überführung der Gebeine des hl. Epiphanius († 496) von Pavia in den Hildesheimer Dom.
Der spätere Kaiser Heinrich II. studiert um 985 an der Hildesheimer Domschule; ebenso im 10./11. Jahrhundert Bernward, Meinwerk von Paderborn, Benno von Meißen.

993–1022 BISCHOF BERNWARD
Erste Blüte der bildenden Kunst in Hildesheim: u. a. Bernwardssäule und -türen, urspr. in St. Michael, später im Dom, Bernwardskreuz und -leuchter aus St. Magdalenen – 1001 Gründung der Benediktinerabtei St. Michael zu Hildesheim, als erstes Mönchskloster im Bistum. Um 1007 Baubeginn deren Kirche. Grab Bernwards in der Krypta.

1022–1038 BISCHOF GODEHARD
Erweiterung des Domes, u. a. Umgestaltung des karolingischen Westwerkes zu einer Dreiturmanlage, Verlängerung der Krypta in das Querhaus; dort Grabstätte Bischof Godehards.

1044–1054 BISCHOF AZELIN
Brand des Hildesheimer Domes am 23. 3. 1046, danach mißglückter Neubauversuch westlich des alten Domes.

1054–1079 BISCHOF HEZILO
Wiederaufbau des Altfrid-Domes; Weihe: 5. 5. 1061. Kunstwerke: u. a. Großer Radleuchter im Dom, Hezilo-Kreuz in der Kreuzkirche.

1130–1153 BISCHOF BERNHARD I.
Heiligsprechung des Bischofs Godehard (1022–1038) durch Papst Innocenz II. am 4. 5. 1132; Erhebung seiner Gebeine aus der Domkrypta – Grundsteinlegung zur Benediktinerabtei und -kirche St. Godehard zu Hildesheim.

1153–1161 BISCHOF BRUNO
Sichert den kirchlichen Besitzstand des Domes und der Klöster – Erwerbung vieler Handschriften. – Ratmann-Sakramentar vom Mönch Ratmann 1159 im Kloster St. Michael vollendet (jetzt im Domschatz) – Fußboden mit nielloartigen Einlagen im Domchor.

1171–1190 BISCHOF ADELOG
1172 Weihe der Benediktinerabteikirche St. Godehard – 1186 Wiederherstellung der 1162 brandgeschädigten Benediktinerabteikirche St. Michael.
Am 21. 12. 1192 Heiligsprechung des Bischofs Bernward (993–1022) durch Papst Coelestin III. Erhebung seiner Gebeine am 16. 8. 1194, dabei Auffindung der beiden Silberleuchter in seinem Grabe in der Krypta von St. Michael.

1221–1246 BISCHOF KONRAD II.
Erwirbt am 15. 8. 1235 die Landeshoheit und ist somit kirchlicher Oberhirte und weltlicher Fürst zugleich (dieser Rechtszustand bleibt bis zur Säkularisation 1803 bestehen). – Reiches Kunstschaffen in seiner Regierungszeit: Godehardsschrein und Epiphaniusschrein im Dom, Reliquiare im Domschatz, Bronzenes Domtaufbecken.
1321 Errichtung der Annenkapelle auf dem Domfriedhof.

1365–1398 BISCHOF GERHARD VOM BERGE
Am 3. 9. 1367 siegreiche Schlacht von Dinklar gegen Herzog Magnus d. Ä. von Braunschweig. Aus dem Lösegeld der Gefangenen stiftet Bischof Gerhard die goldene Kuppel auf dem Vierungsturm des Hildesheimer Domes.

1424–1452 BISCHOF MAGNUS
1412 Erbauung des Nordparadieses am Dom durch Domherrn Lippold von Steinberg (vgl. Turmreliquiar im Domschatz). Gotische Kapellenanbauten am Dom – 1444 Errichtung der Antoniuskirche durch Domherrn Burchard von Steinhoff (1655 umgebaut, 1945 weitgehend zerstört, wiederaufgebaut).

1503–1527 BISCHOF JOHANN IV.
Am 1. 9. 1542 führt Johann Bugenhagen in der Stadt Hildesheim die Reformation ein.
1546 Domlettner, gestiftet von Domherrn Arnold Freidag (seit 1960 verändert in der Antoniuskirche aufgestellt).

1573–1612 BISCHOF ERNST II., HERZOG VON BAYERN, KURFÜRST
Rückgewinnung des Kleinen Stiftes für das katholische Bekenntnis.

1612–1650 BISCHOF FERDINAND, HERZOG VON BAYERN, KURFÜRST
Reformmaßnahmen. 1643 Abschluß des sog. Hauptrezesses: die Hildesheimer Bischöfe erhalten das Große Stift zurück.

1650–1688 BISCHOF MAXIMILIAN HEINRICH, HERZOG VON BAYERN, KURFÜRST
Pfarrer Martin Bever in Großförste bei Hildesheim veranlaßt 1681 die testamentarische Stiftung seiner Bibliothek und Sammlungen, die sog. Beverina in der Dombibliothek zu Hildesheim.

1702–1723 FÜRSTBISCHOF JOSEPH CLEMENS, HERZOG VON BAYERN, KURFÜRST
Beginn der barocken Umwandlung des Domes.

1724–1761 FÜRSTBISCHOF CLEMENS AUGUST, HERZOG VON BAYERN, KURFÜRST
Blütezeit des Barocks im Bistum: Abschluß der 1718 begonnenen Barockisierung des Dominnern bis 1734, durch Michael Caminada und Carlo Rossi (am 22. 3. 1945 kriegszerstört).

1789–1825 FÜRSTBISCHOF FRANZ EGON, FREIHERR VON FÜRSTENBERG
Besitznahme des Hochstiftes durch Preußen am 3. 8. 1802 – Aufhebung des Fürstbistums durch den Reichsdeputationshauptschluß von Regensburg 1803, Säkularisierung der Klöster und Stifte – 1807 fällt das ehemalige Fürstbistum an Frankreich (Königreich Westfalen), 1815 an das Königreich Hannover. Wiedererrichtung des Bistums durch Circumscriptionsbulle Papst Leos XII. 1824.

1849–1870 BISCHOF EDUARD JAKOB WEDEKIN
Pflege der kirchlichen Kunst, Ausbau des Domschatzes und der Dombibliothek

1906–1914 BISCHOF ADOLF BERTRAM
Freund und Förderer der Wissenschaften, vor allem der Diözesan- und heimatlichen Kunstgeschichte. 1914 zum Fürstbischof von Breslau ernannt, 1916 Kardinal, seit 1930 Fürsterzbischof († 6. 7. 1945).

1934–1956 BISCHOF JOSEF GODEHARD MACHENS
Zerstörung von Bischofsstadt und Dom am 22. 3. 1945. Wiederaufbau des Domes und zahlreicher zerstörter Kirchen begonnen († 14. 8. 1956 in Hildesheim).

seit 1957 BISCHOF HEINRICH MARIA JANSSEN
1960 Neuweihe des wiederaufgebauten Domes zu Hildesheim – Neueinrichtung der Domschatzkammer (1960) und des Diözesanmuseums (1978).

(nach H. Reuther)

GESAMTANLAGE DES DOMHÜGELS, aus nordöstlicher Richtung von oben gesehen. Die Anlage des Kreuzgangs, östlich an das Querschiff anschließend, betont die Ost-West-Achse der Domanlage innerhalb des Domberings. (Foto: Fr. W. Reimers, Hildesheim [nach Breloer „1000 Jahre Rosenstock", Hildesheim 1974]. Freigegeben vom Niedersächs. Ministerium für Wirtschaft und Verkehr Nr. 901/94.)

DER BLICK AUF DEN DOM VON NORDWESTEN vermittelt die künstlerische Spannung mittelalterlichen Bauens. Sein westlicher Schwerpunkt wird gebildet vom kraftvollen Westriegel, mit flach gestuftem Portal, bekrönt vom durchbrochenen Glockenhaus. Die in der Vierung zusammentreffenden Baumassen von Langhaus mit Kapellenkranz und Querschiff gipfeln in dem verspielten barocken Vierungsturm, der zwischen 1718 und 1721 anstelle des baufällig gewordenen romanischen Vierungsturmes errichtet wurde.

DIE ANSICHT DES DOMES VON SÜDOSTEN läßt den weiten Freiraum des ehemaligen Friedhofes spüren, auf dem das Bauwerk breit gelagert erscheint. Die quergerichteten Satteldächer der Kapellen vermitteln zur hohen Dachlinie des Langhauses, das sie begleiten, und nach Westen zum wuchtigen Westabschluß, der nach den Zerstörungen im letzten Krieg in der alten Form wiederaufgebaut wurde, wie sie bis 1840 bildlich bezeugt ist.

VON NORDOSTEN GESEHEN, bietet der Dom ein besonders kontrastreiches Bild. Dem Westriegel im Hintergrund antwortet das vor dem nördlichen Querhausarm vorspringende Paradies, 1412 vom Domherrn Lippold von Steinberg († 1415) gestiftet, dem auch das Turmreliquiar im Domschatz verdankt wird (vgl. S. 18). Die nördliche Stirnwand des Paradieses steigt als kräftig gegliederte und reich durchfensterte Fassade auf, geschmückt mit den Statuen der Dompatrone: Maria mit Kind, hl. Epiphanius und St. Godehard.

DIE VORHALLE DES NÖRDLICHEN PARADIESES ist als dreischiffige niedrige Halle gebildet, deren gedrückte Kreuzrippengewölbe mit charakteristischen Birnstabprofilen über polygonalen Stützen aufsteigen, unter Verzicht auf eine Kapitellzone. Die kryptaähnliche Halle steht in lebhaftem Kontrast zur hoch aufsteigenden äußeren Fassade und zum hochgelegenen, hell durchlichteten Godehardichor innen (vgl. S. 51).

Der 1945 bis 1960 wiederhergestellte Dom läßt die ursprüngliche Nüchternheit des flachgedeckten frühmittelalterlichen Sakralraumes wieder spüren. Blick vom Altarraum durch DAS LANGHAUS NACH WESTEN zur Orgel.

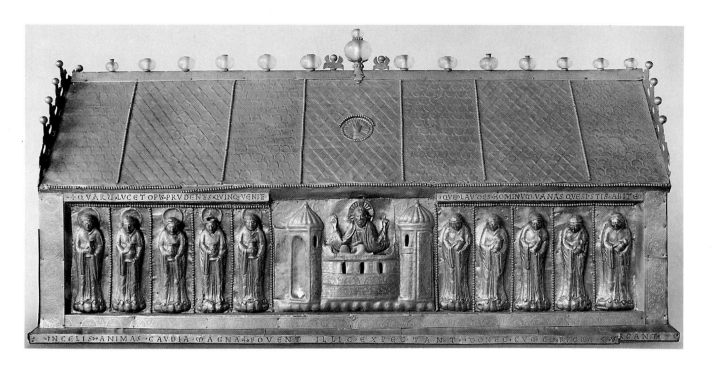

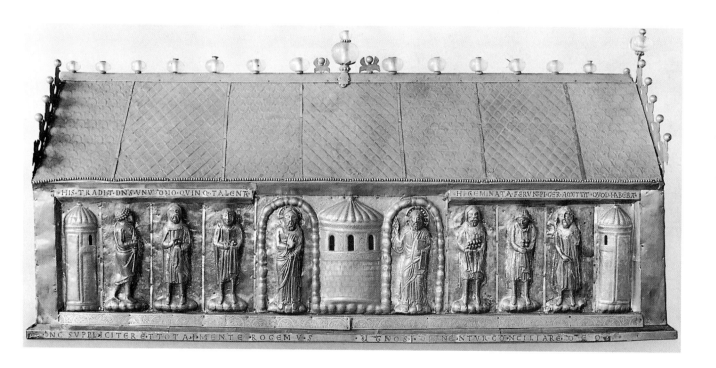

Der unter dem Hochaltar aufgestellte SCHREIN DES HL. EPIPHANIUS, um 1140 geschaffen, birgt Reliquien, die schon 963 aus Pavia nach Hildesheim gelangt waren. Er dürfte bald nach und wohl als Gegenstück zu dem Schrein für St. Godehard entstanden sein (vgl. S. 35 und 36). Die Längsseiten des Epiphanius-Schreines bieten die bildlichen Schwerpunkte, jeweils mit der Gestalt Christi im Zentrum. Auf den Schmalseiten sind St. Epiphanius und andere Heilige dargestellt (Maße: H 58 cm, L 127 cm, B 49 cm).

BLICK AUS DEM SÜDLICHEN QUERSCHIFFARM, vorbei an der Bernwardsäule, in Nebenschiff und Langhaus, in strengen romanischen Formen mit daktylischem Stützenwechsel wiederhergestellt.

Der durch eine ältere Darstellung vermittelte EINBLICK IN DEN 1718–34 BAROCKISIERTEN DOM läßt die Umwandlung des mittelalterlichen Innenraumes in einen gewölbten Saal mit Stuckierung und Ausmalung erkennen. Farbige Gravur von Friedrich Laske, 1887.

Der Blick nach Westen durch die HALLENKRYPTA, die sich unter Hochchor und Vierung erstreckt, läßt den ältesten, auf Bischof Altfrid (851–74) zurückgehenden westlichen Bauteil an den gedrungenen und wuchtigen Stützen deutlich erkennen. In den letzten Jahren ist hier in einem abgegrenzten Joch, der Schrein des hl. Godehard neu aufgestellt worden.

ST. GODEHARD, von 1022 bis 1038 Bischof von Hildesheim und Nachfolger Bernwards, wurde 1131 heiliggesprochen. SEIN SCHREIN dürfte bald nach diesem Ereignis angefertigt worden sein. Er ist hausförmig gebildet, das Satteldach mit Ziegelmuster überzogen, der durchbrochene Firstkamm durch Kristallknäufe akzentuiert (Maße: H 65 cm, L 122 cm, B 51 cm). Das Bildprogramm ist das herkömmliche: Zur byzantinisierenden Deësisgruppe (Christus, Maria, Johannes d. T.) am Hauptgiebel gehören die Apostel in den Nischen der Längsseiten. An der Gegen-Schmalseite ist der hl. Godehard mit Begleitfiguren wiedergegeben. Der Schrein ist später in vielen Teilen verändert worden. Der ursprüngliche künstlerische Charakter wird vor allem noch in den Figuren deutlich, zumal der Apostel. Ihre urtümlich-schwere Erscheinung ist als charakteristisch niederdeutsch verstanden worden. Schon früh wurde für den Godehardsschrein die Verbindung mit maasländischen Arbeiten, vor allem aber mit Werken Rogers von Helmarshausen (um 1100) aufgezeigt, dessen Kunst eine Art Zweigschule in Hildesheim hervorgerufen zu haben scheint. Ihr sind neben dem wenig späteren Epiphanius-Schrein (vgl. S. 31) noch weitere Werke im Domschatz zu verdanken.

35

GODEHARDSSCHREIN: Christus, Maria, Johannes der Täufer (vgl. S. 35).

DER BLICK DURCH DAS LANGHAUS NACH OSTEN läßt die Hervorhebung des freistehenden Hochaltars erkennen, betont durch die mächtige Lichtkrone Bischof Hezilos. Abweichend von der mittelalterlichen Abgrenzung des Altarraums entspricht dies neuzeitlichen liturgischen Erfordernissen.

EINZUG JESU IN JERUSALEM, von der Bronzesäule Bischof Bernwards. Am oberen Bildrand wird der durch Entfernung des ursprünglichen Kapitells bewirkte Bruch sichtbar. (Seite 38 oben)

AUSSENDUNG DER APOSTEL, von der Bernwardssäule, mit packendem Gegensatz der Gestalt Jesu im Weisegestus des Lehrers zu den übereinander gestaffelten, summarisch charakterisierten Köpfen der Jünger. (Seite 38 unten)

DIE BERUFUNG DER JÜNGER DURCH JESUS, zu den ersten Szenen an der Basis der Bernwardssäule gehörig, ist in zwei Teilbildern gegeben. In beiden spricht Christus die im Fischerboot sitzenden Männer an, in knapper und treffender Kennzeichnung der Situation. (S. 39)

TANZ DER SALOME VOR KÖNIG HERODES. Aus den Szenen zur Geschichte Johannes des Täufers von der Bernwardssäule.

MARIA SALBT JESUS DIE FÜSSE, aus dem Gastmahl in Bethanien. Hier wie im vorhergehenden Bilde wird die distanzierte Herbheit der Kunst der Bernwardssäule deutlich.

DIE LICHTKRONE DES BISCHOFS HEZILO (1054–79), aus vergoldetem Kupferblech teils getrieben, teils in Braunfirnis ornamentiert, ist mit der Anbringung über dem Altar in der Vierung ihrer liturgischen und ikonographischen Funktion im Dom zurückgegeben worden. Eine ihrer Inschriften nennt sie „erhabene Stadt". Als solche erscheint ihr goldglänzender Mauerring mit Türmen und Toren. Das Rund ist ferner als „Band des Glaubens" angesprochen, dessen Tore „des Alten und Neuen Bundes Fürsten" bewachen. Vor allem erstrahlt im Licht des monumentalen Kronleuchters „Gott als Sonne der Sonnen". Das ikonographische Schema läßt die durchdachte Bildordnung des Ganzen besser erkennen: Die Türme und Tore tragen Namen von Propheten, Aposteln und Tugenden. Möglicherweise besaß die Lichtkrone ursprünglich auch figürliche Teile, wie kleine Engelsgestalten. Alle formalen und bildlichen Bezüge des Werkes sind von Zahlensymbolik durchdrungen, angefangen von den vier Tragestangen des Gerüstes zu den zwölf Türmen und Toren und den 72 Lichtern (72 Jünger Jesu). Die 24 × 6 Palmettenfelder des Mauerrings entsprechen 144 Ellen als dem Maß der Himmelsstadt in der Apokalypse des Johannes.

Die heutige beengte Aufstellung der BERNWARDSSÄULE im südlichen Querhausflügel des Domes vermittelt nur mehr eine schwache Vorstellung von ihrer einstigen Funktion als kreuztragendes Monument in der Mitte der Abteikirche St. Michael, für die sie bestimmt war (Höhe 3,79 m, Durchm. 58 cm). Die Reliefdarstellungen, die als gleichmäßiges Spiralband den Säulenkern umgeben, beziehen sich vorwiegend auf Wundertaten Christi. Sie lassen somit sein Leben als heilbringenden Vorgang erscheinen, der zugleich den Charakter der Säule als Abbild des Lebensbaumes rechtfertigt, der auch von den Paradiesesflüssen an ihrem Fuß ausgesprochen wird.

DIE BERNWARDSTÜR besteht aus zwei Flügeln, jeder massiv gegossen, insgesamt 4,72 m hoch und 2,27 m breit. Jeder Flügel trägt acht Bildfelder von ca. 50 × 100 cm Größe und weist ferner einen großen Löwenkopf mit Türring auf. Die Inschrift teilt mit, Bischof Bernward habe die Türen im Jahre 1015 an der Fassade des „Engelstempels", d. h. wohl der St.-Michaels-Kirche, aufhängen lassen. Doch in der Vita seines Nachfolgers Godehard liest man, daß dieser die Türflügel am neuen Westportal des Domes „aufs schönste zusammenstellen ließ". Dies geschah im Jahre 1035.

Bernwardssäule und Bronzetüren stellen die bedeutendsten Werke des frühmittelalterlichen Bronzegusses dar. Man wird dabei nicht zuletzt an die beträchtlichen technischen Schwierigkeiten so großer Güsse in dieser Zeit denken müssen. Auch die entwicklungsgeschichtliche Stellung der Türen innerhalb der reliefischen Bildkunst des 11. Jahrhunderts ist von hoher Bedeutung. Erstaunlich groß ist zumal die gestalterische Spannweite dieses Werkes, die von flacher und zarter Flächenkunst bis zu beinahe vollplastischer, die Relieffläche sprengender Kraft reicht. Gerade in solchem Zusammenhang ist ein Vergleich mit der Bernwardssäule aufschlußreich. Ihr gegenüber weist die Individualisierung der Einzelform, vor allem der Gesichter, an den Reliefs der Türen eine ganz andere Qualität auf, besonders in der subtileren psychologischen Erfassung (vgl. S. 38–40).

Die ausführenden Künstler der Türen ebenso wie die der Säule sind anonym geblieben. Es müssen mehrere gewesen sein, allein für die Türen hat man sechs verschiedene Hände erkennen wollen. Die entscheidenden Beiträge zur ikonographischen wie zur kompositionellen Ordnung beider Werke sind aber doch wohl von Bischof Bernward ausgegangen, dessen hohe künstlerische Interessen von seinem Biographen Thangmar hervorgehoben werden, im „Eifer und Aufwand, mit dem er unsern heiligen Ort oder unsere Hauptkirche ausgeschmückt hat" (Kap. 8).

Erschaffung Adams	Noli me tangere
Zuführung Evas	Frauen am Grabe
Sündenfall	Kreuzigung
Verurteilung	Verurteilung Jesu
Vertreibung aus dem Paradies	Darstellung im Tempel
Erdenleben der Stammeltern	Anbetung der Weisen
Opfer Kains und Abels	Geburt Christi
Brudermord	Verkündigung an Maria

DER SÜNDENFALL DER STAMMELTERN ist auf den Bernwardstüren der Kreuzigung Christi gegenübergestellt (vgl. S. 47 oben). Der Baum, von dem Eva die Frucht nimmt, ist mit angedeuteter Kreuzform in der Bildmitte angeordnet wie der Kruzifixus, dessen Stamm wiederum als lebendiges Holz gekennzeichnet ist. Im bewegten Gegenspiel von Pflanzen, Figuren und Tieren wird die fatale Konsequenz des Geschehens deutlich, im sprechenden Kontrast zu der kultisch verfestigten Bildform der Kreuzigungsszene. Hervorzuheben ist auch die zurückhaltendere plastische Durchbildung der meisten alttestamentlichen Szenen der Tür. (Seite 44 oben)

DIE VERKÜNDIGUNG DES ENGELS AN MARIA (Detail) ist in psychologisch zwingender Vereinzelung der beiden Gestalten vor einer Palastarchitektur in zarter Formensprache des Reliefs zur Darstellung gebracht. (Seite 44 unten)

Der Vorgang der GEBURT CHRISTI ist in eine bühnenbildhafte Architektur von kleinteiliger Strukturierung eingefügt. Die Beziehungen der Figuren zueinander erscheinen teilweise gelöst von ikonographischer Tradition, überraschend etwa in der gegensätzlichen Zuordnung der lagernden Maria zum Kinde in der Krippe. (Seite 45 oben)

In der VORFÜHRUNG DES GEFANGENEN CHRISTUS VOR PILATUS (ODER HERODES) wird die Kraft der redenden Geste an der Bernwardstür besonders wirksam zur Geltung gebracht, in einer Verkettung von Handbewegungen quer über das Bild. Der im Ausschnitt wiedergegebene Richter, vor einer auszeichnenden Architekturkulisse thronend, erliegt der Einflüsterung des Teufels. (Seite 45 unten)

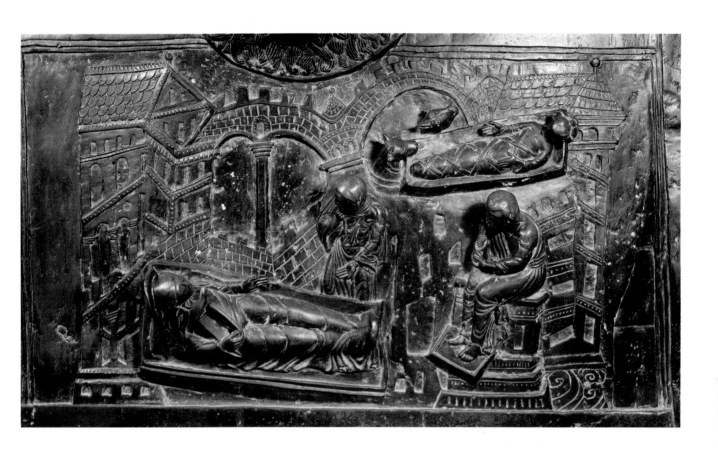

In der VERURTEILUNG DER STAMMELTERN nach dem Sündenfall sind die Gestalt Gottes und die schamvoll versinkenden Figuren Adams und Evas mit viel psychologischem Einfühlungsvermögen einander gegenübergestellt: Adam gibt den vorwurfsvollen Gestus Gottvaters an Eva weiter. – Die übernächste Szene auf der Berndwardstür schildert DAS ERDENLEBEN DES ERSTEN MENSCHENPAARES. Adam bearbeitet den Boden, von einem Engel angeleitet. Am Bildrand sitzend, säugt Eva ihr Kind: ein liebevolles und zugleich erschütterndes Gegenbild zur thronenden Gottesmutter auf dem anderen Türflügel, die Besuch und Verehrung der Weisen aus dem Morgenlande empfängt. – Der Löwenkopf des Ringhalters ist in die Komposition einbezogen.

CHRISTUS AM KREUZ, zwischen Longinus und Stephaton, Maria und Johannes: eine streng symmetrische, ausgewogene Komposition unter Verzicht auf alles Beiwerk. – Mit der Szene des NOLI-ME-TANGERE wird die neutestamentliche Bildreihe der Bernwardstür abgeschlossen. Die betont plastisch gebildete Gestalt Christi neigt sich vom turmartigen Grabbau zur knienden Maria Magdalena hinab zur Verheißung des neuen, erlösten Lebens. Dem entspricht im alttestamentlichen Gegenbilde auf dem anderen Türflügel die Gestalt Gottvaters, der sich zu Adam niederbeugt, um ihm den Lebensodem einzuhauchen.

DAS BRONZENE TAUFBECKEN

DAS BERÜHMTE BRONZENE TAUFBECKEN (Gesamthöhe 1,70 m, größter Durchmesser 96 cm) hat in der St.-Georgs-Kapelle des Domes eine würdige Aufstellung gefunden. Im Kirchenverständnis des Mittelalters nahm die Taufe und das damit verbundene Gerät einen entscheidenden Platz ein, weil durch sie der Zugang zu den Gnadenschätzen der Sakramente vermittelt wird. Viele der heilsgeschichtlichen und allegorischen Bezüge, die mit der Taufe verbunden werden, sind an diesem monumentalen Bronzeguß, dem eindrucksvollsten und ästhetisch schönsten seiner Gattung in romanischer Zeit, wohlgeordnet dargeboten. Von den Personifikationen der vier Paradiesesflüsse wird die doppelgeschossige architektonische Struktur auf der Wandung des Beckens und des Deckels getragen, ein Abbild der Kirche selbst. Die Taufe Christi und das Bild des thronenden Herrn darüber bilden die eine vertikale Achse des bildlichen Programms, der blühende Stab Aarons als Hinweis auf die jungfräuliche Mutterschaft Mariä, und darunter die thronende Gottesmutter mit dem Stifter des Werkes die Gegenachse. Die Bronzetaufe, deren wesentliche Teile einzeln gegossen sind, gipfelt in einer prächtigen Blüte. Sie erinnert an den Paradiesesbaum, von dem die vier Flüsse ausgehen. – Die kunsthistorische Herleitung der Hildesheimer Taufe ist noch nicht gelungen, nicht einmal über die Persönlichkeit des Stifters Wilbern besteht Gewißheit. Die Entstehung wird um 1225–30 angenommen, zur Zeit des Bischofs Konrad II. (1221–49) (vgl. S. 16).

In der Darstellung der königlich thronenden „MISERICORDIA" DES TAUFBECKENS im Kreise von Gestalten, die die Werke der Barmherzigkeit vertreten, sind die Christen aufgefordert, sich zur Vergebung ihrer Sünden der Mitmenschen tatkräftig anzunehmen.

Ein Relief des Taufbeckens: DIE KINDER ISRAELS DURCHSCHREITEN DAS ROTE MEER, das sich dem Wunderstab des Moses öffnet – ein alttestamentlicher Hinweis auf die christliche Taufe.

DER GODEHARDICHOR, der an den nördlichen Querhausflügel anschließt, ist ein hoher spätgotischer Raum, durch mächtige Fenster-öffnungen hell belichtet. Er ist über der zugehörigen Eingangshalle (S. 28 und 29) hoch gelagert und über eine Treppe zugänglich. Auf seiner Brüstung erhebt sich ein großer Marienleuchter, fälschlich auch „Irmensul" genannt, der früher als Osterleuchter vor dem Lettner stand.

DER GROSSE ROMANISCHE KRUZIFIXUS des Domes, um die Mitte des 13. Jahrhunderts entstanden, ist über der Cäcilienkapelle im Nordquerhaus aufgehängt (H 166 cm). In ihm verbindet sich romanisch-strenge Frontalität des Siegers am Kreuze mit beginnendem Formgefühl der Gotik. Darauf weist auch schon der Dreinageltyp des Gekreuzigten.

Unter den gotischen Bildwerken des Domes ist DIE PIETÀ IN DER CÄCILIENKAPELLE hervorzuheben, eines der „Schönen Vesperbilder"
aus der Zeit um 1400, vermutlich aus Süddeutschland stammend (H 79 cm). Einfühlsam ist die Starre des Leichnams Christi mit der
empfindsamen Haltung der trauernden Gottesmutter in Einklang gebracht, vor allem durch den bewegten Duktus der Gewandfalten.

Drei lebensgroße Gestalten sind von einem großen ALTARWERK erhalten, das der bedeutende barocke Bildhauer PAUL EGELL 1729–31 im Auftrag des Hildesheimer Weihbischofs von Twickel († 1734) für eine Seitenkapelle im Dom schuf. Die Figuren der Gottesmutter auf einer Wolkenbank mit Engel und ihrer Eltern, der hll. Anna und Joachim, lassen durch ihr barockes Pathos hindurch bereits die elegante Formensprache des Rokoko spürbar werden. Der rückseitige Aufbau des Altares ging leider 1945 verloren. – Paul Egell war um 1717 Mitarbeiter des großen Balthasar Permoser und hat vor allem im Fürstbistum Würzburg gewirkt.

DER LETTNER aus Baumberger Sandstein, als ornamentierte Bühnenwand gebildet und mit Reliefbildern geschmückt, ist ein Werk des Johann Brabender genannt Beldensnyder. Er wurde 1546 als Stiftung des im gleichen Jahr verstorbenen Domherrn Arnold Freidag im Dom aufgestellt, wo er den Hochchor für das Domkapitel und das Langhaus für die Gläubigen voneinander trennte. Da Vorder- und Rückseite des Lettners reliefisch voll ausgearbeitet sind, war er von beiden Seiten zu betrachten. Das typologische Bildprogramm ist von der liturgischen Funktion bestimmt. – Seit 1960 in der St.-Antonius-Kapelle aufgestellt.

Im stimmungsvollen KREUZGANG begegnet heute noch der ursprüngliche mittelalterliche Charakter der Domanlage. Von Bischof Hezilo (1054–79) begründet, umschließt er mit seinen drei Flügeln das Chorhaupt, ist also nicht ringsum begehbar. Die architektonische Gestaltung der Flügel ist nicht einheitlich, jedoch ausgezeichnet durch doppelgeschossige Ausführung. Der Südflügel öffnet sich unten in halbkreisförmigen Bögen, oben in Dreiergruppen von säulengetragenen Arkaden zwischen Pfeilern. Im östlichen Flügel entsprechen je zwei Bögen oben einer großen Arkade im Untergeschoß, mächtige Strebepfeiler aus späterer Zeit schieben sich dazwischen. Der nördliche Flügel ist in seiner Gliederung dem südlichen vergleichbar.

In der Gesamtanlage entsprach der Domkreuzgang den Bedürfnissen einer mittelalterlichen Domkirche mit zahlreichem Klerus. Das Obergeschoß des Südflügels vermittelte einst zum Dormitorium. Hinter dem Ostflügel lagen Domkantorei und – später – die Bibliothek, vom Nordflügel aus gelangte man in die Räume der Domschule. Unter den hohen Satteldächern waren einst auch die Lagerräume für das Zinskorn des Domstiftes geborgen. Zur besseren Belüftung waren breite „Schleppluken" in mehreren Reihen angeordnet.

DAS SILBERNE „HILGEDOM" UNSERER LIEBEN FRAU, auch mit dem frühchristlichen Namen LIPSANOTHEK benannt, nur 19 × 9 cm groß, in gotischer Fassung eingeschlossen, ist Träger der Gründungstradition des Hildesheimer Domes. Der ursprüngliche Reliquieninhalt wird auf den Aachener Heiltumsschatz und Kaiser Ludwig den Frommen zurückgeführt. Die eingetieften und vergoldeten Ranken auf beiden Seiten der Kapsel lassen sich jedoch am ehesten mit niedersächsischer Kunst des 10. Jahrhunderts vergleichen.

DIE BEIDEN BERNWARDSLEUCHTER sind die Meisterwerke unter den berühmten hildesheimischen Silbergüssen. Inschriften verweisen auf den kunstfreudigen Bischof, aus dessen Grabe die Geräte 1194 entnommen worden sein sollen. Offensichtlich handelte es sich bei den 42 bzw. 41 cm großen Leuchtern um Altarkandelaber, in letzter Verwendung dann vielleicht um Totenleuchter (1826 aus St. Michael in die St.-Magdalenen-Kirche gelangt).

Der Fuß jedes der beiden BERNWARDSLEUCHTER ist mit nackten Reitern über geflügelten Drachen besetzt. Die Schäfte, durch einen Knauf unterteilt, tragen Rankenwerk mit Tieren und aufsteigenden menschlichen Gestalten in lebendiger Vielfalt der Bewegung. Die Lichtteller werden von langgeschwänzten gefleckten Tieren gehalten, ein orientalisches Motiv. Eine überzeugende sinnbildliche Deutung der Leuchterzierate, die über eine allgemeine Lichtsymbolik hinausginge, ist bisher nicht gefunden. Künstlerisch weisen sie auf Traditionen aus dem karolingischen Mittelreich „Lotharingien" (Metz?), aus denen die bernwardinische Kunst auch sonst vielfach geschöpft hat.

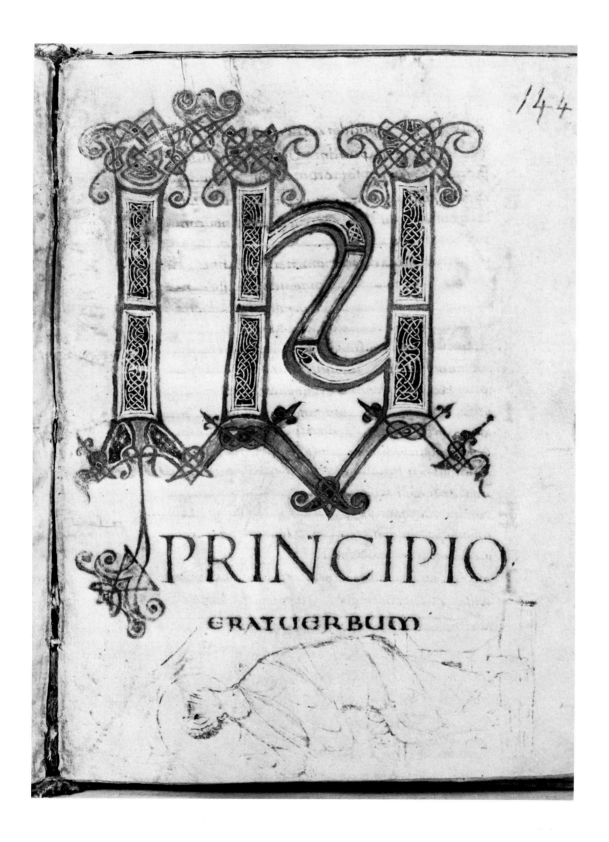

PRINCIPIO ERAT UERBUM

DAS SOGENANNTE KLEINE BERNWARDSEVANGELIAR (Hs. 13) dürfte schon in der zweiten Hälfte des 9. Jahrhunderts entstanden sein. Darauf weisen karolingische Schrift und buchkünstlerische Ausstattung mit Kanontafeln und Zierbuchstaben, die als „frankosächsisch" bezeichnet werden. Überraschend die Entwurfsskizzen von schreibenden Evangelisten, jeweils am Rande der Initialseiten, niedersächsische Zeichnungen vermutlich des späten 10. (oder des 11.) Jahrhunderts.

Bischof Bernward machte sich das vor seiner eigenen Zeit geschaffene KLEINE EVANGELIAR zu eigen, indem er einen neuen Einband dafür schuf. Der vordere Deckel trägt ein byzantinisches Elfenbeinrelief der Kreuzigung Christi. Die umgebenden Bergkristalle und Klein- miniaturen unter Hornplättchen sind jedoch jüngeren Datums (13. Jahrhundert). Auf der Rückseite findet sich das Monogramm Bischof Bernwards (vgl. S. 2). Man darf annehmen, daß der so ausgeschmückte Kodex zur Erstausstattung der St.-Michaels-Abtei gehörte, der Lieblingsgründung Bernwards.

Ein Sakramentar enthält die unveränderlichen Texte der Messe, vor allem den Kanon. Hauptzierat des hier abgebildeten SAKRAMEN-TARS ST. BERNWARDS (Hs. 19) ist deshalb, neben einigen Ziertiteln und -buchstaben zu den hohen Festtagen, eine ganzseitige Miniatur Christi am Kreuz, zum Anfangsgebet des Meßkanons „Te igitur" gehörig. Bildtypus, kräftige Umrißzeichnung und farbige Gestaltung des Blattes lassen an die ottonische Buchmalerei in Fulda denken. Die künstlerischen Beziehungen Hildesheims dorthin sind vielfach erwiesen. Die Miniatur ist von der gleichen Hand wie die Bilder der folgenden Handschrift.

DAS GUNTBALD-EVANGELIAR (Hs. 33) trägt diesen Namen nach einem Eintrag auf fol. 269 v, wo neben König Heinrich II. und Bischof Bernward der Diakon Guntbald als Schreiber und das Jahr 1011 als Entstehungszeit genannt wird. Guntbald, der längere Zeit in bzw. für Hildesheim gearbeitet zu haben scheint, muß eng mit der Kunst der Abtei Fulda verbunden gewesen sein. In Ordnung und Typus der Buchausstattung mit Zierseiten, Evangelistenbildern und der abgebildeten „Majestas" Christi im Kreisnimbus wird darüber hinaus eine Handschrift aus der „Hofschule Karls des Großen" als Vorbild spürbar.

In den mittelalterlichen Kirchenschätzen finden sich häufig REISE- ODER TRAGALTÄRCHEN in Kastenform. Sie dienten gleichzeitig als Reliquienbehälter. Das abgebildete Beispiel, 30 × 18,5 cm groß, stammt aus dem späteren 12. Jahrhundert und weist auf seinen Wänden die in Walroßzahn geschnitzten Halbbilder Christi, der Apostel, der Gottesmutter und anderer Heiliger auf. Bemerkenswert ist eine Stifterdarstellung in der Technik des Braunfirnis auf der Unterseite des Kästchens: ein Geistlicher, am Altar mit Kelch, Patene und Leuchter stehend, bei der Feier des Meßopfers.

DIE SOGENANNTE PROVISURPYXIS besteht aus einem Sockel in Form eines miniaturisierten zentralen Kirchenbaues mit je zwei Apsiden bzw. Rechteckschlüssen (H. 36,8 cm). Im Innern finden sich Fächer zur Aufnahme von Krankenöl und Hostie, denn eine Provisurpyxis wurde als Versehgerät für Kranke verwendet. Aus diesem Untersatz steigt ein Kreuz mit streng frontalem Kruzifixus auf, dem Typ nach eine niedersächsische, vielleicht hildesheimische Arbeit des 12. Jahrhunderts. Die Rückseite zeigt in Gravur das Lamm Gottes zwischen den Evangelistensymbolen. – Die Pyxis, die auch als Reliquienbehälter verstanden werden könnte, befand sich ursprünglich im Kloster Escherde.

DAS KOSTBARE EVANGELIAR BISCHOF BERNWARDS (Hs. 18) verdient diesen Namen nicht nur wegen des mit Elfenbein, Edelmetall und Steinen verzierten Einbandes (vgl. S. 15), sondern auch wegen der reichen Ausstattung mit Miniaturen, in denen wesentliche Strömungen der ottonischen Buchkunst ausgewählt zusammentreffen in einer für Hildesheim charakteristischen Weise. Es enthält neben den Evangelistenbildern 20 Illustrationen zum Evangelientext. Zu dessen Anfang ist auf fol. 16 v/17 die Widmung dargestellt als doppelseitiges Bild. Links legt Bischof Bernward das Buch auf den von Kerzenleuchtern umstandenen erhöhten Altar, auf dem Kelch und Pa-

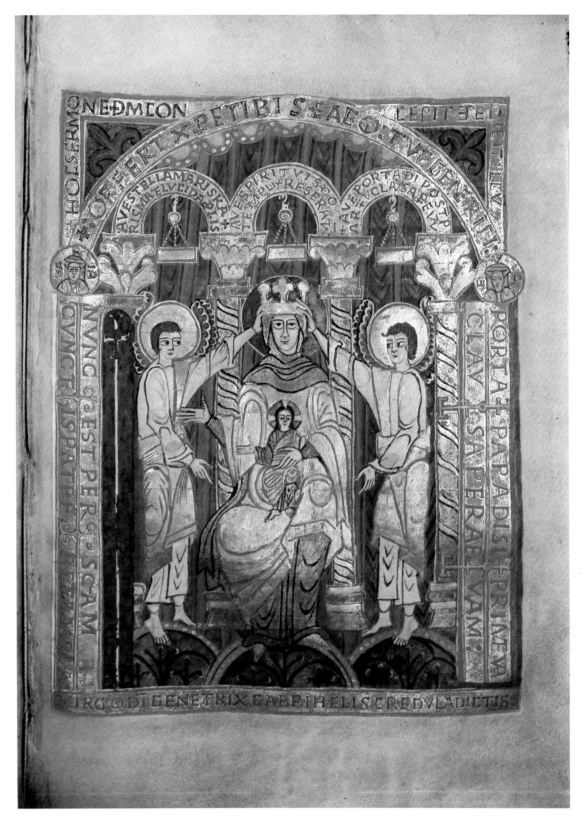

tene als wichtigste Kultgeräte liegen. Dies geschieht vor dem Hintergrund einer Kirchenarchitektur mit zentralem Giebel. Das zugehörige Blatt rechts gibt, ebenfalls vor einer Folge feierlicher Arkaden, die thronende Maria mit Kind im Typus der von Engeln gekrönten „Siegbringenden Gottesmutter" wieder. Da Maria die Patronin des Domes war, dürfte die Handschrift zunächst für den Dom bestimmt gewesen sein. Dafür spricht wohl auch die Bildbeziehung zu der von Bernward geschaffenen Kultstatue der „Goldenen Madonna" (S. 70). Der Kodex wurde dann doch in die Lieblingsgründung des Bischofs, St. Michael, gegeben.

ZWEI BRONZELEUCHTER, 24 cm hoch, sind erst unter Bischof Wedekin (1849–70) in den Domschatz gelangt. Sie sind ausgezeichnet durch allegorische Sitzfiguren auf den kuppeligen Leuchterfüßen, auf dem einen die Erdteile Europa (Krieg) – Asien (Reichtum) – Afrika (Weisheit), auf dem anderen Medizin – Konflikt – Theorie/Praxis, jede der Figuren mit Beischrift und passendem Attribut. Die ungewöhnliche künstlerische Qualität läßt sie als Werke des bedeutenden maasländischen „Meisters des Tragaltars von Stavelot" um 1160 erscheinen.

DAS SOGENANNTE EVANGELIAR DES BISCHOFS HEZILO (1054–79), eine Pergamenthandschrift mit prächtigen Initialseiten und Vollbildern der vier Evangelisten (Hs. 34), dürfte in Wirklichkeit diesem Bischof vorausgehen. Die Stileigentümlichkeiten der Miniaturen weisen eher auf die Buchkunst, wie sie in der Weserabtei Corvey um das Jahr 1000 geübt wurde. Dort spielte die künstlerische Überlieferung der Karolingerzeit noch lange eine bestimmende Rolle.

DIE GROSSE THRONENDE MADONNA ist eines der beiden aus ottonischer Zeit auf uns gekommenen goldenen Bildwerke der Gottesmutter und zugleich ein seltenes Beispiel frühmittelalterlicher Großplastik. Maria ist im byzantinischen Typus der „Nikopoia = Siegbringenden" dargestellt, das Kind frontal vor ihr. Der 56,5 cm hohe Torso aus Lindenholz ist mit Goldblech bekleidet. Köpfe und Hände, die schon im Barock erneuert worden waren, sind bei der Wiederherstellung in den letzten Jahren neu ergänzt worden. – Seit Jahrhunderten spielt die Statue, die als Werk St. Bernwards um 1010–15 gilt, eine bedeutende kultische Rolle als Patronin des Domes, beispielsweise bei Reliquienprozessionen. Ferner übte sie einst eine wichtige Rechtsfunktion aus: Die Lehnsträger des Hochstiftes legten vor diesem Bilde den Treueid ab.

DIE BIBEL DES HL. BERNWARD ist eine der seltenen vollständigen Bibelhandschriften aus dem 10.–11. Jahrhundert, ursprünglich für die Abtei St. Michael bestimmt (Hs. 61). Neben großen Zierbuchstaben zu Beginn jedes Buches der Hl. Schrift besitzt der Kodex eine einzige bildliche Miniatur. Sie zeigt ein großes goldenes Gemmenkreuz vor dem Hintergrund eines apsisähnlich vertieften Bogenfeldes. Die beiden Gestalten des Vordergrundes sind von einer Art Stadtmauer umgeben und stehen vor bogigen Durchgängen. Sie werden verstanden als Bilder der Ecclesia = Kirche, über der die Hand Gottes erscheint, und des hl. Hieronymus, der eine Rolle mit den ersten Worten der lateinischen Bibelübersetzung trägt: „Im Anfang schuf Gott Himmel und Erde." Das monumental wirkende Bild wird dem gleichen Diakon Guntbald zugeschrieben, der zu Anfang des 11. Jahrhunderts mehrere andere Hildesheimer Handschriften künstlerisch ausgestattet hat (vgl. S. 63).

DAS GROSSE BERNWARDSKREUZ ist ein Prunkkreuz in Gestalt eines Krückenkreuzes, wie sie uns seit dem 11. Jahrhundert wiederholt begegnen. Die quadratischen Felder in der Mitte und an den Enden sind durch ovale Bergkristalle ausgezeichnet und erinnern damit an byzantinische Medaillonkreuze. Die Kreuzarme sind in ebenfalls quadratische Zierfelder gegliedert: Edelsteinrahmungen mit inneren Feldern, die auf Arkadenfassungen plastisch hervorgehoben sind. Zahlensymbolische Gruppierung des Steinbesatzes zu 4, 8, 16 spielt dabei eine Rolle. Unter den Edelsteinen verdienen zwölf antike Steinschnitte besondere Aufmerksamkeit. – Die Zuschreibung dieses Kreuzes an Bischof Bernward hängt zusammen mit dem Bericht von der Schenkung einer Kreuzreliquie durch Kaiser Otto III., für die Bernward eine kostbare Theca schuf. Es erscheint sinnvoll, die zentrale Reliquie des Kreuzes noch mit diesem Vorgang in Verbindung zu bringen. Das Kreuz selber aber kann erst um 1130–40 entstanden sein. Dafür sprechen nicht nur die Gravierungen auf der Rückseite (Christus mit den Evangelistensymbolen), sondern auch die Formensprache des Kreuzes und seines Dekors. Zu bedenken ist ferner, daß der hölzerne Kern mit vergoldetem Kupfer bekleidet ist (Maße 48 × 37 cm), während die Lebensbeschreibung Bernwards ausdrücklich von einer Theca aus reinem Golde spricht. Bernwardinisch könnte jedoch das winzige Kreuzchen unter dem obersten Kristallmugel sein, vielleicht eine pietätvolle Erinnerung an den kunstsinnigen Bischof.

DAS GROSSE BERNWARDSKREUZ

Der Hildesheimer Domschatz bewahrt die einzige erhaltene Gruppe von DREI SCHEIBENKREUZEN, die als Zierate für Altar und Prozessionen im Mittelalter eine Rolle spielten. Es sind gegossene Arbeiten aus vergoldetem Kupfer, von denen DIE KLEINEREN KREUZE (Durchm. 35,5 cm) als Paar gedacht sind, die größere (Durchm. 41 cm) als Mittelstück dienen konnte. Aus der Fläche der Scheiben heben sich Krückenkreuze heraus, durch kräftige Kristallmugel auf filigranierter Unterlage ausgezeichnet, ähnlich dem Großen Bernwardskreuz (vgl. S. 71 und 72). Wie dort spielt die zahlensymbolische Gruppierung des Edelsteinbesatzes eine wichtige Rolle. Die Kreuzzwickel sind mit byzantinisierenden Blattranken ausgefüllt . . .

... BEIM GROSSEN SCHEIBENKREUZ kommen diagonal verlaufende Strahlen hinzu, gleichfalls mit Steinen besetzt. In Technik und Motiven stehen die Scheibenkreuze der Kunst des Roger von Helmarshausen sehr nahe und werden entsprechend zwischen 1110 und 1130 datiert. Da auch die beiden Schreine des Domes sowie das Große Bernwardskreuz in den gleichen künstlerischen Umkreis gehören, ist angenommen worden, daß die Werkstatt, in der alle diese Werke geschaffen worden sind, in Hildesheim selber ihren Sitz gehabt hat.

Ein KÄSTCHEN MIT GRUBENSCHMELZEN von starker Farbigkeit (21 × 13 × 9,5 cm) gehört zu einer bekannten Gruppe vergleichbarer Reliquienkästchen des frühen 12. Jahrhunderts, deren Mehrzahl im skandinavischen Bereich anzutreffen ist. Dargestellt ist der thronende Christus zwischen Engeln und – an den Langseiten – den zwölf Aposteln sowie Christus am Kreuz zwischen Begleitfiguren. Der Deckel wird von einer Schlangenrosette eingenommen. – Das Stück gelangte im 19. Jahrhundert als Geschenk in den Domschatz.

Im Domschatz befinden sich ferner SECHS PLATTEN mit Darstellungen aus dem Leben Christi IN GRUBENEMAILTECHNIK, zwei Paare mit waagerecht, ein Paar mit senkrecht geordneten Szenen. Vermutlich gehörten sie zu einem größeren Reliquienbehälter oder zu einem Tragaltar. Stilgeschichtlich können diese farbig und figürlich reizvollen Arbeiten mit einem Kölner Goldschmied namens Eilbertus verbunden werden, der um 1150–60 tätig gewesen ist. Möglicherweise sind sie aber sogar in Hildesheim selber entstanden (Kupfer vergoldet, 33 × 11 cm).

DAS DEM KÖNIG OSWALD GEWEIHTE RE-
LIQUIAR im Domschatz ist als achteckiger
Kuppelbau über kräftigem Sockel gebildet, mit
gerade aufsteigender Wandung und einer
Schirmkuppel darüber (Gesamthöhe 43,2 cm).
Auf den Wandflächen sind neben St. Oswald
sieben weitere hll. Herrscher Englands dargestellt, Sockel und Gesims tragen Inschriften,
die Bogengiebel sind mit Bildern der Evangelisten und der Paradiesesflüsse gefüllt. Die
charakteristische Besonderheit des Reliquiars
ist das aus dem Kuppeldach herausragende
gekrönte Haupt des Heiligen, so daß man von
einer Verbindung des romanischen Kuppel-
reliquiars mit dem Kopfreliquiar sprechen
kann. Diese Kombination ist vielleicht vom
Charakter des Reliquieninhalts bestimmt gewesen. Jedenfalls ist das Haupt erst gegen
1300 dem Reliquiar zugefügt worden, dessen
Hauptteil um 1170–80 entstanden sein muß.
Dafür sprechen insbesondere die figürlichen
und ornamentalen Nielloverzierungen, von
denen nicht mit Sicherheit gesagt werden
kann, ob sie das Werk niederdeutscher oder
englischer Künstler sind.
Die Verehrung des hl. Königs Oswald von
Northumbria/Nordengland († 642) war von
den Schottenmönchen seit dem frühen Mittelalter nach Mitteleuropa gebracht worden. Er
galt später als Beschützer der Kreuzfahrer,
aber auch als Bauernpatron sowie als einer
der Vierzehn Nothelfer.

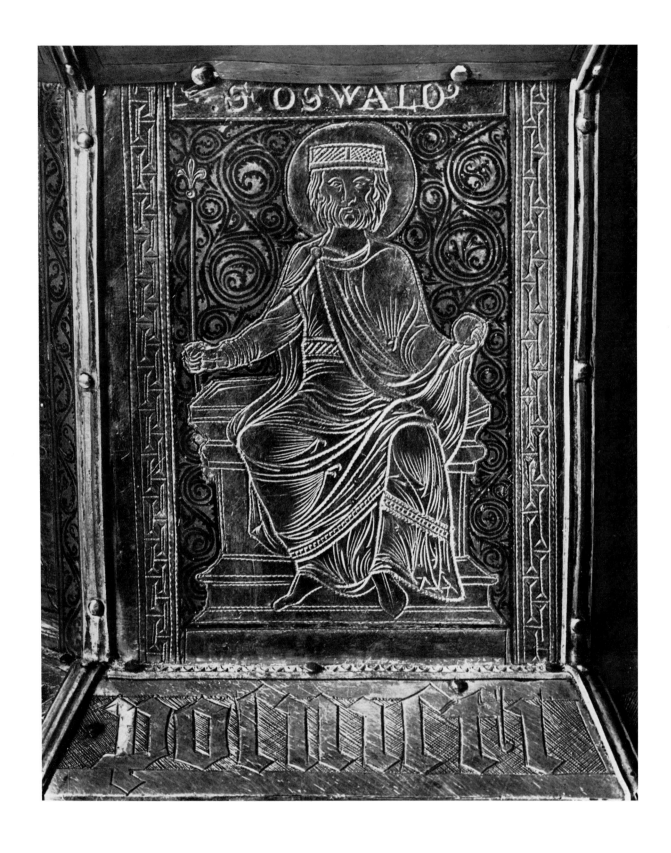

RELIQUIAR DES HL. KÖNIGS OSWALD, gravierte und vergoldete Bildplatte auf ornamentiertem Niellogrund.

RELIQUIAR DES HL. KÖNIGS OSWALD. Von besonderem Rang ist die ebenfalls achteckige Krone auf dem Haupt des Heiligen. Sie besteht aus trapezoiden Täfelchen, reich mit Filigran, Edelsteinen und Kameen besetzt. Zwei der Kronenglieder dürften aufgrund ihrer Emailzierate schon in der Zeit um 1000 entstanden sein. Man hat in ihnen Teile einer (königlichen) Armilla, d. h. eines Armreifs, erkannt und sie mit Schmelzarbeiten im Essener Münsterschatz in Verbindung gebracht.

DAS RATMANN-SAKRAMENTAR, ein 1159 geschriebenes Meßbuch (Hs. 37), bewahrt in dem später erneuerten Text neben 24 Initialen mit kleineren Darstellungen drei ganzseitige Bilder: den thronenden Christus, den drachentötenden Erzengel Michael und auf fol. 111 v die Stiftung des Buches. In einer Idealarchitektur stehen St. Bernward und St. Michael als Gründer bzw. Patron des Klosters. Dem Erzengel legt „Ratmannus Priester und Mönch" den Kodex zu Füßen, ein Werk, das „eine der vollkommensten künstlerischen Manifestationen" der romanischen Kunst in Niedersachsen genannt worden ist (zum Deckel vgl. S. 15).

In Domschatz und Diözesanmuseum werden zahlreiche künstlerisch wertvolle Paramente
– Textilien zu gottesdienstlicher Verwendung – gezeigt. Manche davon sind in aufwendigen
Techniken gearbeitet, wie das abgebildete FRAGMENT EINES BROKATSTOFFES, mit Gold- und
Silberfäden bestickt, das im späten Mittelalter entstanden ist. Dargestellt ist die Szene mit den
Emmausjüngern, eine Anspielung auf das Abendmahl, zur Verwendung als Meßgewand oder
Chormantel gleich geeignet.

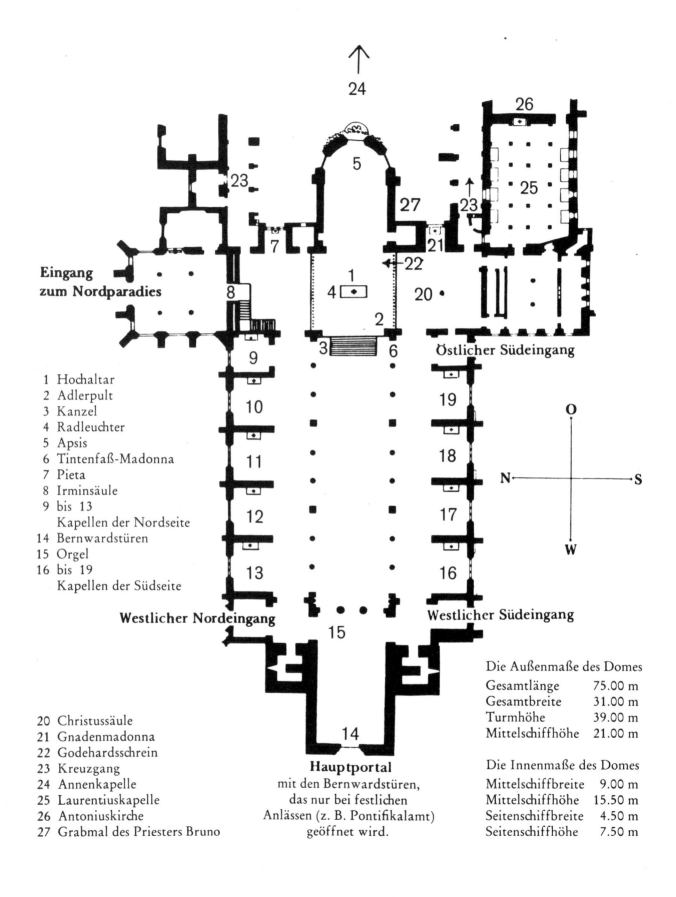

24

26

25

23

5

27

23

7

22

21

Eingang
zum Nordparadies

8

1

4

20

2

3

6

9

Östlicher Südeingang

1 Hochaltar
2 Adlerpult
3 Kanzel
4 Radleuchter
5 Apsis
6 Tintenfaß-Madonna
7 Pieta
8 Irminsäule
9 bis 13
   Kapellen der Nordseite
14 Bernwardstüren
15 Orgel
16 bis 19
   Kapellen der Südseite

10

19

11

18

O

N — S

W

12

17

13

16

Westlicher Nordeingang

15

Westlicher Südeingang

20 Christussäule
21 Gnadenmadonna
22 Godehardsschrein
23 Kreuzgang
24 Annenkapelle
25 Laurentiuskapelle
26 Antoniuskirche
27 Grabmal des Priesters Bruno

14

Hauptportal
mit den Bernwardstüren,
das nur bei festlichen
Anlässen (z. B. Pontifikalamt)
geöffnet wird.

Die Außenmaße des Domes
Gesamtlänge   75.00 m
Gesamtbreite   31.00 m
Turmhöhe   39.00 m
Mittelschiffhöhe 21.00 m

Die Innenmaße des Domes
Mittelschiffbreite 9.00 m
Mittelschiffhöhe   15.50 m
Seitenschiffbreite 4.50 m
Seitenschiffhöhe   7.50 m